范长生范贲史料辑录

重庆市黔江区文化委员会策划

黄宗福 主编

西南交通大学出版社
·成 都·

图书在版编目（CIP）数据

范长生范贲史料辑录／黄宗福主编．—成都：西南交通大学出版社，2018.11
ISBN 978-7-5643-6296-6

Ⅰ．①范… Ⅱ．①黄… Ⅲ．①范长生（218－318）－生平事迹②范贲（？－349）－生平事迹 Ⅳ．①K827=37

中国版本图书馆 CIP 数据核字（2018）第 169773 号

FANCHANGSHENG FANBEN SHILIAO JILU
范长生范贲史料辑录

黄宗福　主编

责任编辑　杨岳峰
助理编辑　何　俊
封面设计　原谋书装

印张　11.5　字数　178千
成品尺寸　170 mm×230 mm
版次　2018年11月第1版
印次　2018年11月第1次
印刷　四川煤田地质制图印刷厂
书号　ISBN 978-7-5643-6296-6

出版发行　西南交通大学出版社
网址　http://www.xnjdcbs.com
地址　四川省成都市二环路北一段111号
西南交通大学创新大厦21楼
邮政编码　610031
发行部电话　028-87600564　028-87600533
定价　180.00元

序言

1700多年前，迄晋以降，我国巴蜀大地边徼之区的丹兴县（今重庆市黔江区）走出一对父子明星，他们就是大成国丞相范长生、范贲。①政治方面，父子相继任成汉帝国丞相三十余年，政坛一品，摒弃清谈，以道教治国，宽和政役,轻徭薄赋，富民一方，保障西川，“夷夏安之，威震西土，时海内大乱，而蜀独无事，故归之者相寻”；继成汉败亡之余，范贲还称帝据蜀抗晋三年，壮烈殉国，彪炳千秋。②宗教信仰方面，范长生是惨淡经营、弘扬天师道的道门领袖，加号“四时八节天地太师”，自晋以后“地因范贤而显”“青城山道观林立”。③民族方面，父子俩皆是土家族的先贤，是其先民的代表性人物。④学术方面，范长生乃易学大家，“善天文，有术数”，著有《道德经注》《蜀才易注》。⑤艺术方面，范长生巨笔如椽，书法尤精。⑥养生方面，父子皆期颐人瑞，被人奉之若神。因此，范氏父子，尤其是范长生是巴蜀地区乃至我国历史上著名的历史人物，甚至是一位在历史的星空中能够与诸葛亮相提并论的明星，他跻身于重庆历史名人馆的辉煌殿堂，留名青史，是当之无愧的。

全方位地发掘、搜集、整理范长生父子史料，掌握历史名人全貌，并深入开展“长生文化”的学术研究、文学艺术创作和舆论宣传，充分利用好范长生父子这张著名的人文品牌和靓丽名片，古为今用，对于推动黔江经济社会发展，繁荣黔江民族文化事业，具有重要意义。

国内外学术界对范氏的研究工作，早在二十世纪五十年代初就开始了，呼声和评价甚高，然而对于范长生父子，除国内外学术界少数学者外，则鲜为人知，即使长生故里的黔江人也知之寥寥。因此，对范长生父子的发掘研究工作尚待深入开展，而这对我们来说，是一项具有开创性、挑战性的系统工程。扎扎实实地做好基础性工作——史料发掘。有句名言说得好：“历史研究的伟大就在于追求真相。”本书编者黄宗福编审，虽年逾古稀，仍怀着对家乡的热爱、对历史真相的追求和对历史负责的精神，率先从浩瀚的史籍中，发掘、搜集、遴选、整理了这本《范长生范贲史料辑录》，较全面地搜罗、录存和介绍了范氏父子的基本情况、人生轨迹，执政业绩、信仰主张、精神情操、历史地位和社会赞评等，“让事实说话，让历史发言”，裒然成集，为今后深入开展“黔江长生文化”研究、文艺创作、对外宣传汇集了真实可信的素材，提供了可靠的依据和支撑，是一本弥足珍贵的专题史料汇编，具有重要的史料价值。本书的编撰出版不失为“黔江长生文化”研究工作的一个良好开端。

值此《范长生范贲史料辑录》一书出版发行之际，不胜欣慰，希望今后区内外学术界专家学者、文史爱好者能够更加踊跃地投入“黔江长生文化”研究行列，让更多的精品佳作面世。

翁天均

2018年3月

凡　例

一、全书内容共分五篇。第一篇为范长生、范贲传记辑录；第二篇为基本情况（籍贯、民族、宗教信仰、寿元、后裔）史料辑录；第三篇为著述、传说、纪念地辑录；第四篇为关于范氏的诗联辑录；第五篇为相关文献和研究成果辑录。本书收集了自晋代至当代的有关文献史料，旨在全面呈现历代文人学者对范氏父子的记载、描述与评价，包括正史、别史、文集、类书、碑刻、游记、笔录等多种形式，相关府、州、县志等地方文献以及田野考察所得亦在收录之列。

二、传记辑录部分，收录了历代学者所写的 8 篇传记；唐代杜光庭撰写的《范长生传》现已亡佚，只搜集了相关线索供后续研究做进一步发掘考证。

三、基本情况史料辑录部分，包括籍贯、民族、宗教信仰、寿元、后裔等，收集了历代重要文献记载和论著原文，以求实存真。在某些方面，如“寿元”，有不同说法者，也原文辑录，不加编者意见。

四、著述、传说、纪念地史料辑录部分，因其著作《道德经注》二卷（全部）、《易注》十卷（大部）佚亡，故未能辑录到原始版本，只收集了历代学者关于范氏著述的记载、转录和研究成果。“传说”亦根据文献记载，注明出处。“纪念地”的资料则依据记载、实地考察和“三亲”（亲见、亲闻、亲历）进行收录。

五、诗联辑录部分，收集了历代文人的相关诗联作品，录存各个历史时期文人墨客对范氏的吟咏和讴歌。对某些作者作了简略的介绍。个别生僻的典故、字词也作了必要的注释、注音。

六、相关文献和研究成果辑录分两部分：“相关文献”着重介绍了从晋代至近代记录和研究成汉历史、范氏父子的主要历史文献，如《华阳国志》《十六国春秋》等。“研究成果”主要搜录中华人民共和国成立以后学术界的研究论文，也分两部分：一是“存目”，计36篇；二是“精选”。精选部分主要是有影响、有质量、有价值的研究论文，计10篇。以呈现范氏在历史、宗教、易学等方面的地位和影响，并对其中涉及的著名史学家、易学家作了简要介绍。

七、古代刊刻的资料文献均标明编撰者、书名、卷目及所在卷目的页码；当代翻印、重刊的文献资料标明著作者、朝代、书（篇）名、出处、版本、页码等全部信息，以便于后续研究使用。

八、编辑过程中需要说明或考据、考证结论，用“今按”表示；其余的按语均为原史料所载。需要注释处，标明“注释”序号，以“夹注”“篇末注”方式加以注释。

九、本书图片除署名或注明出处者外，均为编者黄宗福拍摄。

目　录

第一篇　传　记

第二篇　基本情况

第三篇　著述、传说、纪念地

第四篇　诗联

第五篇　相关文献及研究成果

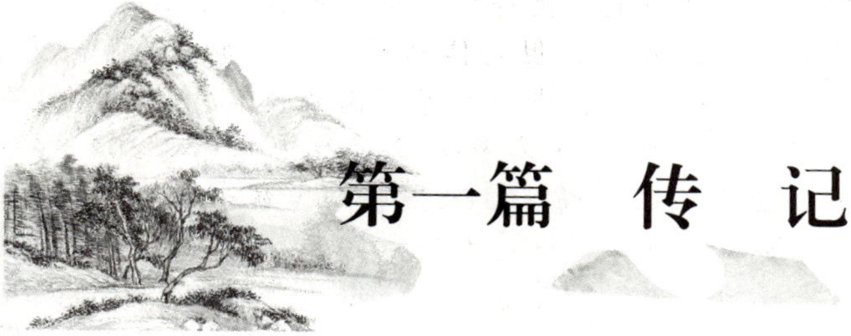

第一篇 传 记

一、范长生、范贲传①

（北魏）崔鸿②

范长生，涪陵丹舆（注：“舆”应为“兴”之误）人也，一名延久，又名九重，又名支，字符寿。岩居穴处，求道养志，甚有名德，兼善天文，颇晓术数，年过百岁，为蜀人所重，奉之如神。雄欲迎致，立为君长而臣之。长生固辞，曰：“推步太元，五行大会甲子，祚终（钟）于李，非吾节也。”雄即成都王位。长生自西山乘素舆诣成都，雄迎之于门，执版延接，即日拜丞相，尊之曰：“范贤”，故又名贤。（贤）劝雄称尊。（雄）寻加长生“天地太师”之号，封西山侯。（贤）以雄玉衡八年卒，子贲嗣。贲初为侍中，后嗣父爵为丞相。晋永和三年，（李）势为大司马桓温所灭，其遗党故尚书仆射王誓、镇西将军邓定、平南将军王润、将军隗文、萧恭文等举兵反，众各万余。温自击定，使袁乔击文，皆破之。使益州刺史周抚镇彭模，斩王誓、王润。温留成都三十日，振旅还江陵。寻而邓定、隗文等入据成都。征虏将军杨谦弃涪城，退保德阳，遂陷。日南杀督护刘雄，共立贲为帝而奉之，以父长生为雄国师，蜀民爱之。贲由是以妖异惑众，聚至数千，蜀人相率归附。后二年，周抚与龙骧朱焘击贲，斩之，益州遂平。

※ 注：

① 录自（北魏）崔鸿：《十六国春秋》卷八十《蜀录·四》，《钦定四库全书》本。

② 崔鸿（478—525年），字彦鸾，齐州清河（今山东临清市）人，北

魏著名史学家。西晋灭亡前后，巴蜀出现了賨人李雄建立的成汉政权，中原地区先后出现了匈奴刘渊、羯石勒、氐苻坚等建立的政权，历史上总称为十六国。这些政权各有自己的史书，但是体例不一，记述差异也较大。所以，崔鸿根据旧史，加以汇编，综合成一百卷，此外还有序例一卷，年表一卷，书名《十六国春秋》。《十六国春秋》是记载十六国（304—439年）历史的纪传体史书，历史地位很高，后来魏收编《魏书》，唐朝编修《晋书》，皆将此书作为重要参考资料。不过此书到北宋时已经残缺得只剩二十多卷。司马光编修《资治通鉴》时曾引用过，但已非全貌。杨伟立先生说："北魏崔鸿根据常璩的《汉之书》写成的《十六国春秋·蜀录》，原书在北宋时已亡佚，《太平御览》引了不少，也远远不是崔氏全豹。这算（关于成汉历史的）第二手材料。"

二、范长生传（暂缺）①

（唐末五代）杜光庭②

※ 注：

① 据任乃强《华阳国志校补图注》第489页"注释"称："五代时杜光庭有《范长生传》，亦当出自常氏之书。"该传原文尚未查到，故缺。

② 杜光庭（850—933年），唐末五代人，字宾圣，号东瀛子，道教集大成者。是"学海千寻，辞林万叶，扶宗立教，天下第一"（《道藏》第32册）的道门领袖。唐僖宗李儇和前蜀王建两位帝王视其为帝国佐师，并将其类比轩辕黄帝之师广成子，进其道号"广成先生"。他多才多艺，是著名的文学家、医学家、书法家、音乐家，中国的历史文化名人之一。金庸称杜光庭是中国武侠小说的鼻祖，著有《虬髯客传》。杜光庭著作颇丰，代表作有《道藏》500余卷。

三、范长生传①

（嘉庆《四川通志》）

《华阳国志》：范贤，名长生，一名延久，又名九重，一曰支，字元寿，涪陵丹兴人。《晋书·李流李雄载记》：大安（注：应为太安）二年，李雄攻罗尚军，尚保大城。雄渡江，害汶山太守陈图，遂入郫城。流移营据之，百姓并保结坞壁，流野无所略，士众饥困。涪陵人范长生率千余家依青城山。流死，李雄自称大都督大将军益州牧，都于郫城，罗尚委城夜遁，雄遂克成都，以西山范长生岩居穴处，求道养志，欲立为君，长生固辞。永兴年间，雄僭称成都王。长生自西山乘素舆诣成都，雄延之于门，执版延坐，拜丞相，尊曰范贤。长生劝雄称尊号，雄于是僭即帝位，改年太武（注：应为“大成”），加长生为天地太师，封西山侯，复其部族，不预军征，租税一入其家。

《隋书·经籍志》：“蜀才注《周易》十卷。”隋颜之推曰：“《易》有蜀才注。”江南学士遂不知何人。王俭四部目录，不言姓名，题云王弼。后人谢灵（注：应为“炅”）、夏侯该并疑是谯周，而《李蜀书》（一名《汉之书》）云：“姓范名长生，自称蜀才。”

※ 注：

① 嘉庆《四川通志》卷一百五十二。又见陈世雄：《黔江旧志类编》七《人物类·四·名贤·范长生》，1985年，第257页。标题为编者加。

四、范贤传[1]

（清）张九章[2]

范贤，名长生，一名延九，又名九重，又名支，字元，又字延寿，别号蜀才，邑名丹兴时人也，属涪陵郡，其先世无可考。据《晋书》及《华阳国志》，永康间，处于灌之青城山，能以信义孚众。时，蜀大姓李特、李流等因饥为乱，连年攻陷州郡，蜀民皆保险结坞，或南入宁州，或东下荆楚，城邑皆空，野无烟火，掠靡所获，道殣相望，惟涪陵民千余家在江西依贤自守。晋平西参军徐与说罗尚厚结长生，与共讨贼，尚不许，舆怒降流，反说长生给流军食。及永兴元年，李雄据有成都，以长生有名德，为蜀人所重，欲迎以为君，长生不可。雄遂即王位，改元大成（注：《华阳国志》作大武）。未几称尊号，遣百官具仗仪拜长生为相，其从弟置，以不陪列，斩之。长生乃自西山乘素舆诣雄，雄迎于门，执版延坐，称曰范贤。已而尊为四时八节天地太师，封西山侯，复其部曲，军征不预，租税皆入贤家。贤乃深劝雄虚己受人，宽和政役，兴文教，立官学。其户民，男丁一岁谷三斛，女丁半之，疾病又半之；户绸绢不过数丈，丝不过数两。事少役稀，民多富实。至乃闾门不闭，路无拾遗，狱无滞囚，刑不滥及，训致天水、武都奉贡称臣，款关内附者日益而至。凡相成十有三年，至晋大兴元年卒。卒之后，李氏复用其子贲为丞相。《纲目》大书成丞相范长生卒盖予之也，"书法"谓卒其臣者录贤也，终纲目卒僭国臣者二十有二，范长生居一焉，与慕容恪、王猛辈争列矣。《鉴》称其博学多艺能，年近百岁，蜀人奉之如神云。著有《蜀才易注》十卷，详《隋书·经籍志》，其说散见唐李鼎祚《周易集解》。明杨升庵以"西山蜀才"与襄阳庞德公、谷口郑子真、东海王霸并论，可想见其人矣。盖公本道家者流，隐居求志，故屡易其名，会逢一时之运，伟然僭国之师，名垂竹帛，至今青城山中犹崇祀之，曰"长生大帝"，亦可谓生为名世，殁为明神者欤！惜史未立传，而县志亦略举不详，故予采集诸书及云颿氏[③]说而为之传。

赞曰：余读《晋书》至惠怀之间，否塞甚矣。《易》所谓"天地闭，贤人隐也"。公乃以一介名流，挫折强梁，卒保千余家，此与黄巾不入郑康成之里门[④]何异？及雄备法驾郊迎，以素舆见，有纶巾羽扇之风，其说一行，卒使夜不闭户，道不拾遗，何其伟哉！虽佐僭窃，有足多者。

※ 注：

① 光绪《黔江县志》卷四《人物·名贤》，第 31—32 页。陈世雄：《黔江旧志类编》《耆寿·范贤传》，1985 年，第 270—271 页。又见《黔江县志》《人物编·传记》（中国社会出版社，1994 年）第 673 页。

② 张九章，生卒年不详，名山右，号衮甫，山西平定州人，进士，曾任工部主事。清光绪十五年（1889 年）至二十五年（1899 年）任黔江知县，勤于政事，体恤民情，赈灾济民，筑堤防洪，热心教育，擅长诗文，主修县志，为清代黔江政绩卓著的知县之一。《范贤传》系其亲笔撰写，辑入县志。又集资修建范公祠，以祭祀邑人大成丞相范长生。

③ 云颿氏：颿，音 fān，同帆，张九章自号云颿氏。

④ 黄巾不入郑康成之里门：郑康成，即郑玄，字康成，北海高密（今

山东高密）人，东汉末年的经学大师，为汉代经学之集大成者。汉灵帝中平五年（188 年）郑玄在崂山建立了闻名遐迩的康成书院，讲学授徒，从学者万人之众，影响很大。时逢黄巾起义，中原大乱。康成从徐州还乡路上，遇黄巾军数万人，均下拜，并相约不入县境，高密百姓免遭涂炭。作者张九章以这个典故比喻“惟涪陵民千余家在江西依贤自守”，盛赞范长生“以一介名流，挫折强梁，卒保千余家”的壮举，将其与郑康成相提并论，足见作者对范贤的敬意之深、评价之高。

五、范贤记[①]

（清）冯世瀛[②]

同治十三年甲戌仲冬，黔生赵雨人以范贤为其乡贤达而遗迹煙没，知者寥寥，嘱余次其平身，将寿之贞珉，以垂不朽。表微阐幽，盛举也。不敢不以文辞。

谨按：《晋·载记》《华阳国志》《方舆览胜》等书记范氏，详略不同，名字亦多差互，然以为涪陵丹兴人，故不异也。汉季之乱，长生率众千余家，避地青城山。蜀先主耳其名，征之不起，号逍遥公。晋世李雄据成都，报道养志，欲奉范为君，范固辞。永兴元年雄僭称成都王，蹂躏郡邑。长生乃自西山乘素舆诣雄，雄执手版迎于门，即日拜为丞相，尊之曰范贤。雄旋窃帝号，改元大武（注：应为大成）。于是加长生天地太师，封西山候，复其部曲，不预征调。由此观之，其盛德之感人，亦可想见其大概亦矣。范之学未闻谁氏之师，而长于《易》，著有《蜀才易注》十卷，世久佚，惟李鼎祚《集解》、陆德明《释文》尚存数十条，大旨与虞仲翔相伯仲，干令升以下蔑如也。或以范不就先主而就李雄，为昧于出处之正，不知先主豁达大度，同于汉高，故能谅范心，俾遂其肥遁。若□者，猜忌残暴人也，不之就祸且不测，安能全其身并以全其部曲如彼乎？《易》曰“知柔知刚，万夫之望”，长生有焉。或者之疑，殆不足为范君累也。敢以鄙志为之赞曰：“易之为义，首重随时。或潜或见，各有攸宜。蛊上非僻，暌初岂痴？高山仰止，视此丰碑。”

按：冯公此碑，礼法严谨，洵足阐扬幽隐。然以范贤即范寂，则又别开疑窦。寂在先主世，已得长生之术，其年不知几何。距李雄起又阅四五十年矣。及雄称尊，拜为丞相，后十三年乃卒，是公之年几近二百岁，义涉荒诞。且不乘明时与诸葛齐名，迟久乃复相成，不应昧于出处如此，贤与寂断为两人无疑。文云："汉季之乱，长生率众千余家，避地青城山"，与《华阳国志》："惟涪陵民千余家在江西依贤自守"之文异，恐有误会。

※ 注：

① 光绪《黔江县志》卷四《人物·名贤》，第32-33页。

② 冯世瀛：字壶川（1792—1885年），今重庆市酉阳土家族苗族自治县小坝乡人，道光十一年（1831年）举人，知名经学家，受光绪帝赐亲书"饴经堂"三字金字匾额。著有《古经考辨》《雪樵经解》《两晋南北合纂》等，主编（与冉崇文等合著）《酉阳直隶州总志》。

六、天师道发祥地及范长生传①

（《灌县志·宗教》）

道教是我国固有的传统宗教，东汉顺帝时（126—144年），张陵用黄老之学，改造巴蜀五斗米道，奉老子为教主，以《老子五千文》为主要经典，于是逐渐形成道教的重要教派天师道。

青城山又名天谷山，相传，古蜀国望帝杜宇氏在天谷中心建立了"成都戴天"之国（今青城成都之山）。晋人常璩在《华阳国志》中说："汉末，沛国张陵，学道于鹤鸣山，造作道书，自称太清玄元，以惑百姓。"《后汉书·刘焉传》说："（张）陵，顺帝时客于蜀，学道于鹤鸣山中，造作符书，以惑百姓，受其道者，辄出米五斗，故谓之米贼。陵传子衡，衡传子鲁。"《三国志·张鲁传》的记载，与此大体相同，只是将鹤鸣山记为"鹄鸣山"。道教初创期，结茅传道，散处民间游走，尚无固定宫观，但多在青城山范围内的今灌县、崇庆县、大邑县和彭县一带山区活动。宋代张君房在《廿四治图序》中说："第三鹤鸣神仙治，治在其山，山与青城天国相连。"从此青城山成为天师道的发祥地，六十一代天师张仁政在《天师谱》中说："张陵死后葬于青城山。"

张陵死后传其子张衡。《仙鉴》卷十九称张陵为天师，其长子张衡称嗣师，衡长子鲁称系师，亦嗣法于此，道统世代不绝。故青城山为道教第五大洞天（见《云集七鉴》)。《舆地纪胜》说："第五洞及青城山宝仙九室洞"。

范长生是"三张"以后，天师道又一重要首领，《华阳国志》说："(范)贤名长生，一名延久，又名九重，一曰支，字元，涪陵丹兴(今四川黔江)人。"其先人是当地大户，蜀汉时，涪陵豪族徐巨谋反，被讨平后，遂迁移当地豪族徐、蔺、谢、范 5000 家于蜀郡。《晋书·李流载记》说："涪陵人范长生，率千余家依青城山""长生善天文，有术数，民奉之如神"。晋元康初年，李特被杀，李流被困在郫城，粮秣缺乏，危在旦夕，(流民中大部分是天师道信徒)到青城山向范长生求援，长生慨然资助军粮，李流军威大振，流牺牲后，李雄继续作战，攻下成都，建立成汉政权。《李雄载记》又说："雄以西山侯范长生岩居穴处，求道养志，欲迎立为君而臣之。"《通鉴·晋记》又云："李雄以范长生有名德，为蜀人所重，欲以为君而臣之。长生固辞，劝雄称尊号。李雄即帝位，国号大成，加范长生天地太师，封西山侯，复其部曲，不预军征，租税一入其家。"成汉政权在范长生辅佐下，简刑约法，政绩斐然，百姓富实，闾门不闭，无相侵盗。时海内大乱，蜀独无事，归之者相寻。经过张鲁和范长生先后数十年的经营，奠定了天师道牢固的根基。故《青城山志》说："迄晋以降，地因范贤而显。"从此青城山道观林立。《太平御览》引《十六国春秋·蜀录》云："范长生卒，以其子贲为丞相。"

※ 注：

①《灌县志》卷 22《宗教》，成都：四川人民出版社，1991 年，第 687-688 页。标题为编者所加。

七、易史人物小传——蜀才[①]

林忠军

蜀才，史传无考，年籍未详。王俭《七志》谓王弼后人，张惠言信从。谢炅、夏侯该云为谯周，而颜之推、陆德明则以为范长生，颜之推云："《易》有蜀才注，江南学士遂不知是何人。王俭《四部目录》不言姓名，题云王弼后人。谢炅、夏侯该并读数千卷书，皆疑是谯周。而《李蜀书》一名《汉之书》云：'姓范名长生，自称蜀才。'南方以晋渡江后，北间传记皆名为伪书，不贵省读，故不见也。"(《家训·书证篇》)陆德明云："案《蜀李书》云：姓范，名长生，一名贤。隐居青城山，自号蜀才，李雄以为丞相。"(《经典释文·序录》)据近人柯劭忞和今人台湾学者博贤、徐芹庭等考证，王弼无子，故蜀才不为王弼后人。《三国志》不言谯周有易学之作，故蜀才为谯之说不可信从。笔者又案《经典释文·序录》有：《周易》十卷蜀才注，《论语》十卷谯周注，且不言陆德明在两本书下的注，单就两本书署名而言，二者使用了两个完全不同的名字。同一作者在不同书上署不同的名字，这在古代很少有，至少在唐以前史志没有先例，故此两本书作者非一人，善《易》者即蜀才非谯周。

关于范长生生平事迹散见于史书及其他文献中。晋常璩撰《华阳国志》云："范贤，名长生，一名延久，又名九重，一曰支，字元寿。涪陵丹兴人。"又有史料记载：范长生，名范寂，字无为，曾事蜀主刘备、刘禅。《方舆胜览》云："范寂，字无为，刘先主时栖止青城山中，以修炼为事，先主征之不起，就封为逍遥公，得长生久视之道，刘禅易其宅为长生观。《仙传》言，寂得久视之术，年百余岁，蜀人奉为仙，奉为长生。"又案《晋书·载记》：晋武帝统一三国，传位于惠帝而天下大乱。永康元年，益州刺史据蜀作乱，为李特所平，但李特亦纵兵大肆杀掠，"是时蜀人危惧，并结屯堡，请命于特。"李特被杀，李流继位。"涪陵人范长生率千余家依青城山，尚参军涪陵徐与求为汶山太守，欲要结长生等，与尚犄角讨流。尚不许，(与)怨之，求使江西，遂降于流，说长生等使资给流军粮，长生从之，故流军复振。"李流死，传位李雄，李雄笃信术数，求道养志，欲以长生为君而臣之，长生固辞。李雄于永兴元年称成都王，长生自西山乘素舆诣成都，雄迎之于门，执版延坐，拜为丞相，尊曰范贤。光熙元年，在长生劝说下，李雄称帝，国号大成，改元曰晏平，"加范长生为天地太师，封西山王。"(以上详见《李特》《李流》《李雄》)范长生曾注《周易》，隋唐《志》

及《经典释文》皆著录:《周易》十卷，蜀才注。《宋史·艺文志》已不著录其书，恐已佚失。清人有辑本，张澍从《经典释文》和《周易集解》所引蜀才注，辑入《蜀典》之中。马国翰根据张澍之辑本，加以补正，著录为一卷，存在《玉函山房辑佚书》中。此外孙堂《汉魏二十一家易注》、张惠言《易义别录》、黄奭《黄氏逸书考》等皆著录其注。

※ 注:

① 摘自林忠军:《象数易学发展史》第 2 卷，济南：齐鲁书社，1998 年，第 40 页。

八、大成名相范长生①

黄宗福②

范长生（？—公元 318 年），一名延久，又名九重，一名支，字元寿，别号蜀才，东汉巴东属国（稍次于郡的行政机构，蜀汉改称涪陵属国、涪陵郡，治今重庆彭水郁山镇，西晋初治今黔江区县坝村）丹兴县（今重庆市黔江区）人。板楯蛮（賨人、土家族先民），晋时天师道首领，十六国时期大成国（都成都）皇帝李雄拜为丞相，尊称范贤，封四时八节天地太师、西山侯。百姓称之为“山中宰相”。

范长生生于东汉献帝建安末年，他青少年时正处于中华民族又一个大分裂、大动荡、大融合时期——三国时期。时，汉室势微，群雄割据，战争频繁，弱肉强食，生灵涂炭，百姓苦不堪言。蜀后主延熙十一年（248 年），涪陵属国（后改为涪陵郡，今渝东南、黔东北一带）大姓首领徐巨率族众造反，杀死属国都尉，惊动蜀汉朝野。蜀后主刘禅下旨，令车骑将军、江州（今重庆）都督邓芝率重兵征剿。邓芝苦战两年多，大战于酉阳后溪三峿山（今酉阳自治县酉水河镇一带，时地属丹兴县境），击溃叛军，斩杀徐巨，平定了这次叛乱。之后，采用“弱寇强国”之计，釜底抽薪，“乃移其豪族徐、藺、谢、范五千家于蜀，为猎射官。”另将老弱者分配给涪陵督将，名助郡军。其移居于蜀的豪族大姓，多居于灌县青城山一带，世代仍掌有部曲。这四姓五千家豪族大姓，人口众多，势力较强，多为天师道徒，又经济宽裕，文化水平较高，不乏有识之士和干练之才，“其中，范氏，李雄丞相范长生，涪陵丹兴人，当即诸葛亮（应为蜀后主，时亮已去逝16年）此次迁于蜀者，范氏当亦为板楯蛮，与李雄为同族。”（刘琳：《华阳国志校注》）

据《华阳国志》载，居巴西、巴东的賨民（板楯蛮）“种党劲勇，俗好鬼巫”。“汉末，张鲁居汉中，以鬼道教百姓，賨人敬信。”当时，由张道陵创建的天师道也在川西一带盛极一时。公元265年，司马炎取代曹魏建立晋朝，史称西晋。西晋永康年间（300—301年）饱受离乱之苦的范长生到成都后，栖住灌县青城山。逆境之中，他穴居野处，求道养志，能以信义服众；他广招门徒，传道授法，势力越来越大，进而被尊为天师道首领，涪陵移民千余家均附其麾下。

晋惠帝元康八年（298年）梁州略阳、天水等六郡大闹饥荒。以賨人大姓李特为首的饥民数万家十数万人拥入蜀地就食，蜀地不堪重负。西晋永宁元年（301年）益州（今四川）刺史、平西将军、西夷校尉罗尚下令强行驱逐涌入蜀地的汉、氐、賨、叟各族灾民，限期出境，激起流民强烈反抗。流民公推賨人李特、李流兄弟为首在绵竹起义。李特自称益州牧，“除晋法，约法七章”，施舍赈礼，贷贤拨滞，军政肃然，深受百姓拥戴。旋即攻打成都附近州县，连续陷州夺郡，一度攻下成都小城。由于战事纷起，蜀中大乱，蜀人皆结坞自保，或南入宁州，或东下荆楚，城邑皆空，野无炊烟。此时，“惟涪陵民千余家在江西（岷江干流金马河以西）依青城山处士范贤自守”，平安无事。著名史志家常璩（《华阳国志》编著者）也因“当时年幼家贫，未能远徙，随家附青城山范长生以自存”（见《仁寿县志》），为他以后编撰《华阳国志》这部我国现存最早而较完整的地方志名著提供了有利条件，打下了良好的基础。

李特攻取成都小城后，罗尚命晋军固守成都大城。两军对峙，胜败难分。因义军缺衣少粮，李特下令部队与六郡流民分散到各村堡就食。李流、李雄去书力谏李特：切不可分散精锐部队，削弱战斗力；纳降须扣留州郡大姓子弟为人质，集中管理，以防不测。李特大怒，不听。罗尚见义军主力分散，有机可乘。派人诈降义军，谎报大城军情，麻痹李特；又派密使与各坞地方武装头目勾结，约定时间，内外同时行动，夹击义军。义军大败，李特等战败殉难。其弟李流继续领导反晋斗争，领大将军、大都督、益州牧。此时晋王朝派荆州水军三万驰援罗尚，晋军势力大增，东西夹击，收复失地城池，义军岌岌可危。更为甚者，此时数万义军和流民粮食无济，吃饭仍是一个首要难题。在此两军对峙决定胜败存亡的关键时刻，独据青城山静观其变的范长生集团的倾向，是决定鹿死谁手的关键，也就是说，范助谁则谁胜。罗尚部将平西参军徐与清楚地看到这一点。徐与范均为涪陵郡迁移至蜀的豪族大姓，两人亦有旧交，同为賨人，信奉道教。基于此，徐便向罗献计，建议用重金厚礼笼络范长生，联合镇压义军；同时请求出任汶山太守，以安抚江西百姓，与尚军形成犄角之势，对付李流。而刚愎自用的罗尚，断然拒绝接受这一妙计。徐与又恼又恨，借机投靠了李流。反劝说范长生以粮食资助起义军，解了义军累卵之危，使李流、李雄大军渡过难关，军威复振，士气倍增。不久李流病逝，危难之际，众推李特少子李雄为大将军、大都督、益州牧。李雄，字仲儁，有道术士刘化说："李氏子中，惟仲儁天姿奇异，终为人主。"乡里人多善之，与叔父庠并以烈气闻，人多归之。雄年少随父征战，屡建战功，官至前将军。之后李雄与罗尚战于郫城。李雄使人向罗尚诈降，约晋军偷袭义军。罗尚中计，被李雄设伏打败，大破罗尚军，攻取了郫城，断其粮道，将罗尚死死围在成都大城之中。永兴元年（303年）终于击败罗尚，攻克了成都。

李雄占据成都之后，觉得范长生名德威望很高，又是道教首领，受蜀人敬重，想迎接他到成都，立为君主，自甘为臣。范长生执意不从，说："推步太元五行，大会甲子，祚钟于李，非吾节也。"劝李雄自立为王。晋建武元年（304年）十月，部众拥戴李雄为成都王，具置百官，年号建兴（304—305年）。李雄下令文武百官大备旌旗仪仗迎接范长生，欲封为丞相。叔父李流之子李置（李雄从弟）坚决反对，拒不参列迎范队伍，李雄大怒，传令将李置斩首示众。范长生自岷江西乘普通马车到成都造访李雄，李雄亲自率文武百官出城门迎接，执手板与范长生对坐，长时倾谈，聆听治国安邦大计，敬称范贤，拜范长生为丞相。此时李雄年方三十，范长生已88岁高龄，老少同心，君臣和谐，共掌国事。之后范长生又建议李雄称尊号。李雄于光熙元年（306年）称皇帝，改元晏平，国号大成。加范长生为四时八节天地太师，封西山侯，并下旨恢复他的部曲，免予应征入伍，领地之内的租税皆入范家。

范长生是蜀中继“三张”之后的一代道门领袖，精通《老子》和《周易》，在其柄权辅政期间，坚持以道教治国的方略和“以民为本”的思想纲要，以“道法自然”的自然主义方式来治理国家，史称“简刑约法，甚有名称”。他深谏李雄虚已爱人，宽和政役，轻徭薄赋。规定赋民男丁一年交皇粮三斛，女丁减半，疾病再减半；每户交绢不过数丈，丝不过数两。事少役稀，民多殷富，因而出现道不拾遗、夜不闭户、刑不滥及、狱无滞囚的太平景象。由此大成国百姓富足，国库充实，社会秩序稳定，“时中原大乱，蜀独无事”。同时，重视文化教育，设史官，立官学，兴文教，以端风化。成汉国凡经六世47年，李雄在位三十余年，中原难民到蜀中避难就食者络绎不绝，天水、武都奉贡称臣，关中附者也日益而至，为成汉帝国的鼎盛时期。

范长生还博学多能，书法尤精，笔力粗放，饱满大方，蜀境书苑，芳名流传。他还著有《道德经注》《蜀才易注》，《隋书·经籍志》载：“蜀才注《周易》十卷。”明代三才子之首的杨慎（字升庵），誉称他为“西山蜀才”，将其与襄阳庞德公、谷口郑子真、东海王霸相提并论，赋诗赞云：“天谷隐者范长生，风御泠然独整缨。避世已高巢父节，让王还被务光名。……”以三代巢父、务光等高让之士的名节比喻范长生的高尚节操，称许有嘉，评价甚高。

范长生任大成丞相十三年之久，卒于东晋大兴元年（318年），享年百岁，蜀人敬重如神，并在我国四大道教名山之一的青城山建专祠“长生宫”祭祀他（今改建为鹤翔山庄），奉为“长生大帝”。据《灌县志》、《青城山志》载，自晋以来，青城山“地因范贤而显”“从此道观林立”，其中长生宫尤为著名。至今建福宫前殿和慈云阁三真殿之一的长生殿内仍专供范长生金身，牌位上书“四时八节长生大帝”。长生殿门有一副楹联云：“东晋尚空（应为“清”）谈，功德在民唯隐士；西川曾保障，英雄退步即神仙。”高度评价了其政绩和崇高精神，表达了人们对他的无限崇敬以及对其“英雄神仙”的圆满人生结局的钦羡之情。有关史书所列22名诸侯国丞相中，范长生首居其一，与名相慕容恪、王猛争列。《太平御览》引《十六国春秋·蜀录》云：“范长生卒，以其子贲为丞相。”

清光绪十九年（1893年）黔江知县张九章采集诸书，收集范长生生平事迹，撰写《范贤传》一文，酉阳知名经学家冯世瀛亦写有《范贤记》，一并辑入《黔江县志》，以补“史未立传”“志略不详”之隙；同时，集资在县城西门修建“范公祠”，立范贤神位，供人瞻仰凭吊。中华人民共和国成立后，黔江县人民政府将“范公祠”定为县级文物保护单位，立保护标志加以保护。1990年，按城市建设规划扩建县城解放路时拆除，拟另建，至今尚未恢复重建。但在河滨公园立范长生塑像，近年在范公祠旧址附近，投巨资修建了多用途的“长生桥”，在“武陵水岸”开辟了“长生苑”，以纪念故里这位历史名人。

1993年8月，由民族出版社出版了《中国土家族历史人物》一书，该书辑录了武陵山区湘鄂川黔四省边区五地、州、市32个土家族苗族自治县从西汉至现代的土家族名人320名，大成丞相范长生为其一。这是我国第一次全面收集、整理、出版的具有权威性的中国土家族历史人物专著，在320名著名土家族历史人物中，封侯拜相者，唯范长生一人耳。

2007年6月，重庆市历史名人馆落成开馆，这座现代化综合性艺术场馆，“陈列了上自先秦，下自当今，对重庆、对中国乃至全世界的社会发展和文明进步，具有突出贡献的重庆主、客籍名人200名，供世人缅怀瞻仰。”范长生汉白玉雕像列展其中，其塑像栩栩如生，孔武有神。简介说：“范长生（218—318），本籍，今重庆黔江人，大成丞相。早年居青城山，为天师道领袖。李雄起义，入成都称帝，任其为丞相，尊为天地太师，道家崇祀为长生大帝。”

※ 注：

① 该文最初发表在《民族》，1992年第4期；后收录在田荆贵主编《中国土家族历史人物》和重庆市政协主编的《重庆旅游文史丛书》黔江卷《神秘黔江》中（有增补）。

② 黄宗福，重庆市黔江区人，1943年生，苗族，黔江区党史和地方志办公室编审。

九、范贲——一位黔江籍皇帝①

黄宗福

范贲（？—349 年），三国蜀汉涪陵属国（后改为涪陵郡，治今彭水郁山镇，西晋初治今黔江区县坝村）丹兴县（今重庆市黔江区）人，

范长生之子，板楯蛮（賨人，土家族先民）、五胡十六国时期大成国丞相、成汉末代皇帝。

蜀后主延熙十三年（250 年），蜀汉车骑将军邓芝平定涪陵属国徐巨叛乱后，移涪陵豪族大姓徐、蔺、谢、范五千家于蜀，为猎射官。时范贲尚幼，随父亲范长生迁徙到青城山定居生活。范长生岩居穴处，求道养志，成为天师道首领。同时屯垦种田，生产自给，壮大部曲。在兵荒马乱之时，“唯涪陵民千余家在江西依青城山处士范贤（长生）自守”。50 余年中，范贲一直在范长生道家思想的熏陶教育下成长。304 年，范长生以粮秣资助李雄领导的流民起义军，使之转危为安，转败为胜，最终打败益州刺史罗尚统率的西晋大军，攻克成都，建立大成国，李雄称王，既而称帝，范长生被李雄迎任为丞相，加四时八节天地太师，西山侯。范贲凭着自己的才干和德行，亦在大成朝中任职，官至侍中。侍中，晋时属门下省，“掌傧赞威仪，大驾出，则次直侍中护驾，正直侍中负玺陪乘，不带剑，余皆骑从。御登殿，与散骑常侍对扶，侍中居左，常侍居右。备切问近对，拾遗补阙。”（《晋书·职官志》）侍中不仅侍从皇帝左右，还出入宫廷传达皇帝命令，常代表皇帝与公卿辩论朝政，地位重要，于是范贲成为皇帝李雄近臣。

据《资治通鉴》记载：晋元帝大兴元年（318 年）范长生辞世。大

成皇帝李雄又重用其子侍中范贲为丞相。范贲继任首辅，仍秉承道家“清心寡欲，敬天爱民”的涉世宗旨，继续按照范长生“休养生息，薄赋兴教，切勿穷兵黩武”的既定政策治理国家，“掌丞天子，助理万机”，忠实辅佐李雄，直至晋成帝咸和九年（334年）李雄病逝。

李氏政权，自晋惠帝永宁元年（301年）李特在绵竹起义，太安二年（303年）正式建号，至晋穆帝永和三年（347年）整47年。自晋惠帝建武元年（304年）李雄称王，至晋穆帝永和三年（347年）李氏亡，共43年。李雄在位的31年中，范长生、范贲父子两代相继为相，辅佐李雄执政，拥有梁、益、宁三州和部分荆、交州土地，疆域广大，君臣和谐，上下一心，内政外交，清明畅达，轻徭役，薄赋税，休养生息，国富民殷，四方来朝，深得民心，国家一度富实昌盛，达到路不拾遗、夜不闭户、刑不滥及、狱无滞囚的境界，老百姓能过上太平足食的生活，成为成汉王朝40多年中的黄金时段。

李雄是一个开明而干练的国君，享年61岁，在位31年。但他却做了一件糊涂事，就是在选择接班人问题上给李氏政权埋下了内讧的祸根。他效法宋宣公“舍子立弟”的做法，不顾大臣反对，立李玚弟李班为太子，而不立亲生之子为储君。其弟太傅李骧泣曰：“乱始于是矣。”果然，李雄刚死，尸骨未寒，祸乱始起。李氏子孙为争夺皇位同室操戈，骨肉相残，大肆杀戮宗人，国家迅速衰危。李雄逝世后的12年，历经李班、李期、李寿、李势四个皇帝。先是做了太子12年的李班，继位仅4个月，就被李雄庶子李期、李越杀死于“临次”（哭丧之所），并杀班兄弟五人及二子多人。李期于晋成帝咸和九年（334年）十月即帝位，“期自以为谋大事已果，轻诸旧臣”，让范贲等老臣一律靠边站，而“以李越为相国，与寿并录尚书事。以右将军尹奉为右丞相，骠骑将军尚书令王环为司徒。”咸康四年（338年），当皇帝仅三年的李期，又被李寿杀死，李寿同时杀掉李始及兄弟十余人，又诛其子。李寿自立为汉皇帝，改元汉兴，故史称“成汉”。李寿“以（李）桓为尚书令”“雄时旧臣及六郡人皆斥废也”，范贲当然也不能幸免。尽管如此，范贲从318年起任丞相，到334年李雄病逝后遭受排斥，任大成丞相仍达17年之久。

《晋书·穆帝纪》载：永和二年（346年）十一月辛未，东晋大司马安西将军桓温率征虏将军周抚、辅国将军王无忌、建武将军袁乔伐蜀。永和三年（347 年）二月，进攻成都，东晋大军进展神速，成汉军一触及溃，历时仅一个月，于三月即攻下成都。李势弃成都而逃，无路可走，至葭萌（今广元境）又返遣臣向桓温请降，送至东晋京师建康（今南京），封归义侯。

成汉尚书仆射王誓、镇东将军邓定、平南将军王润，原为李势放弃成都出走后向桓温开门迎降之人，又为桓温招降李势。桓温承诺事成让他们“留国称藩”。事后桓温不能践言，反欲“挟之东归”，故激怒几人降而复反。桓温率兵讨伐，赶走他们。永和三年（347 年）夏四月，蜀中地震，李雄旧将邓定、隗文又聚众抗晋，“其势甚猖”。

据《晋书·周抚传》载：“永和初，桓温伐蜀，进（周）抚督梁州之汉中、巴西、梓橦、阴平四郡军事，镇彭模（今彭山双江镇）。抚击破余寇隗文、邓定，斩伪尚书仆射王誓、平南将军王润，以功迁平西将军”，任益州刺史。又据《华阳国志·李势传》载：邓定、隗文的反晋义军声势浩大，待桓温大军班师还江陵，留下益州刺史周抚镇守彭模等地时，“邓定、隗文等复据成都，秋七月，立故国师范贤（长生）子贲为帝”，仍用李势年号“嘉宁”。此时的范贲已是百岁高龄的老寿星了。

当时，蜀人对桓温及晋军十分不满，反追思李氏。范贲称帝据蜀，高举抗晋大旗，利用蜀人排晋反晋情绪，凭借其父范长生在蜀中多年经营天师道的声望和影响，“由是以妖异惑众”，招集李氏旧部和蜀中信徒，整合反晋力量，壮大抗晋队伍。“蜀人相率归附”，范贲拥有精锐兵勇万余，坚持抗晋斗争。

据载，桓温灭蜀李后，不仅有李雄旧部邓定、隗文、王誓、王润等降而复反者，还有振威护军肖敬文于永和四年十二月举旗反晋，斩杀晋征虏将军杨谦，归附于范贲，占据涪城（今绵阳）。范贲命其驻守涪城，断其北道，进而攻取巴西，直通汉中。一时间，巴西、汉中人民纷纷响应范贲，投入抗晋潮流。肖敬文占据涪城后，声势越来越大，又打败桓温增派的督护邓遐与周抚的军队。桓温不得不令梁州刺史司马勋率军会同周抚，共同进剿。肖敬文固守涪城，晋军久攻不下。

范贲与蜀中人民同仇敌忾，反晋抗晋，给晋军以沉重打击，直到晋穆帝永和五年（349 年）夏四月，桓温遣益州刺史周抚、龙骧将军朱焘，率重兵联合攻击范贲，终于攻破成都，范贲战败被俘，壮烈殉难。

范贲死后，肖敬文固守涪城，自号益州牧，继续领导抗晋斗争。永和八年（352年）二至八月，肖敬文孤军奋战半年，终因内无粮草，外无救援，不得已开城出降，被周抚斩杀，传首京师。之后，蜀人一直不愿归附东晋王朝，有人诈称李势、李雄之子，聚众作乱。《晋书》卷五十八称："周楚继父监梁益二州，太和中蜀盗李金银、广汉妖贼李弘并聚众为寇，伪称李势子，当以圣道王，年号凤凰……楚遣其子讨平之"，其事亦见卷八《海西公记》。蜀中人民的反晋斗争此起彼伏，一直延续到东晋灭亡之时，未曾中断。

范贲于公元347年7月被邓定、隗文等拥立为帝，在成汉国难当头、败亡之余高举反晋大旗，坚持抗晋斗争，至349年4月被俘牺牲，称帝时间长达近三年，在抗晋斗争的历史舞台上，演出了威武壮烈的一幕。然有史书编著者，由于阶级和时代的局限，以封建正统的观念，对待和记述范贲称帝据蜀抗晋的历史，称其为"左道""作乱""寇贼""伪政"，也未给范贲作传，以贬低其历史地位和作用，仅有的记述，也一笔带过，故其史料甚少，某些史实也语焉不详，无从查考。

但是，历史无可否认，当代著名历史地理学家、民族学家任乃强教授在其鸿篇巨著《华阳国志校补图注》中客观公正地论述道："《晋书·周抚传》据《华阳国志》以著范贲身世，此常璩曾撰《李势志》并曾附著范贲承势称帝据蜀三年事之铁证。"（《华阳国志校补图注》第515页。）"范贲承势称帝据蜀三年"，正是他任大成丞相17年之后，人生最辉煌的三年。

※ 注：

① 本文最初发表于2008年4月3日的《武陵都市报》，后收录于重庆市政协主编《重庆旅游文史丛书》黔江卷《神秘黔江》。

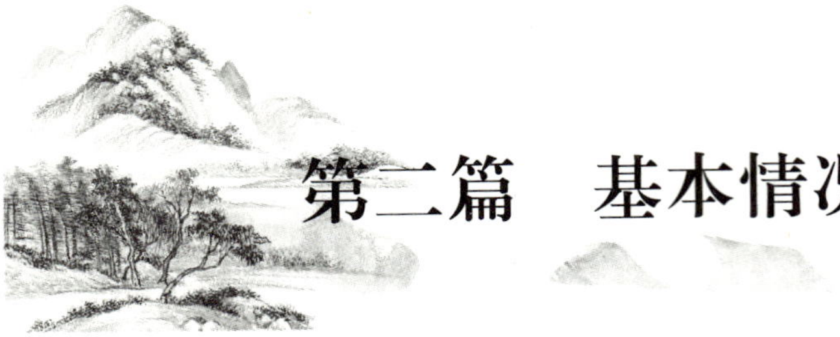

第二篇　基本情况

（籍贯　民族　宗教　寿元　后裔）

一、籍贯：丹兴县、黔江县、黔江区

今按：范长生故里——汉丹兴县（今重庆市黔江区，史称“涪陵丹兴县”），这个地处武陵山区深处，从前名不见经传的边陲小县，国人多不知晓。加之建县 1800 多年中，隶属关系、行政区划和区域屡经变更，多次改名，故有“汉涪陵”“晋涪陵”“今涪陵”之分，“丹兴县”“石城县”“黔江县”“黔江土家族苗族自治县”“黔江地区（开发区）”“黔江区”之别，令人尤其是青少年读者因不熟古今地理、地名，惶惑不解，难于区分。今见诸文及网上有称“丹心县”的，有云“四川涪陵丹兴县”的，有曰“重庆市黔江区丹兴县”的，更有甚者把范长生硬生生地挪作某县籍人氏，所以很有必要采集诸书，根据史籍记述，将范氏父子的“籍贯”“民族成分”等基本情况介绍清楚，以正视听。

（一）范长生父子籍贯相关文献和研究辑录

（范）贤名长生，一名延九，又名九重，一曰支，字元，涪陵丹兴人也。

（晋）常璩：《华阳国志》卷九，《李特雄期寿势志》。

范长生，涪陵丹兴人也，一名延九，又名九重，又名支，字元寿，岩居穴处，求道养志，甚有名德，兼善天文，颇晓术数，年过百岁，为蜀人所重，奉之若神。

（北魏）崔鸿：《十六国春秋》卷八十，《蜀录四》。

李氏之乱，涪陵丹兴人范长生率千余家依青城山。

（唐）房玄龄：《晋书·载记》。

《华阳国志》：涪陵郡有丹兴县，以山出名丹也，蜀时省。《李特传》：范长生，一名延九，又名九重，涪陵丹兴人。

（明）曹学佺撰，刘知渐点校：《蜀中广记》卷十九，《名胜记》第十九《上川东道·重庆府三·涪州》，重庆出版社，1984年版，第88—89页。

澍按：长生一名延久，又名九重，又名支，字符寿。年过百岁，涪陵丹兴人。

（清）张澍：《蜀典》卷二，《蜀才》，清道光张氏安怀堂刻本。

《华阳国志》：李雄克成都，迎范贤为丞相，尊为天地太师，封西山侯。贤名长生，一名延九，又名九重，一曰支，字符，涪陵丹兴人。

（清）朱彝尊：《经义考》，清文渊阁《四库全书》本。

（范贤），青城山道士，涪陵丹兴人，本名长生，李雄称王，迎为丞相，尊为范贤，世又称之为蜀才。《经典释文序》录有蜀才《易注》十卷，即长生也。

刘琳：《华阳国志校注》，第640页。

范氏，李雄丞相范长生，涪陵丹兴人，当即诸葛亮（编者注：应为蜀后主，时亮已去世16年。）此次迁于蜀者。

刘琳：《华阳国志校注》，第85—86页。

《华阳国志》：范贤，名长生，一名延九，又名九重，一曰支，字元寿，涪陵丹兴人也。

嘉庆《四川通志》卷一百五十二，第 38 页。

范长生是“三张”以后天师道又一重要首领,《华阳国志》说：“范贤，名长生，一名延九，又名九重，一曰支，字元，涪陵丹兴（今四川黔江）人。”

《灌县志》卷二十二《宗教·道教·天师道发祥》，四川人民出版社，1991 年，第 687—688 页。

然而范长生之重要及所受特殊礼遇却另有原因,《华阳国志》卷九云：“（范）贤，名长生，一名延九，又名九重，一曰支，字元，涪陵丹兴人。”这一串奇怪的名字，大抵与道教有关。

朱雷、唐刚卯：《唐长孺文存》，上海古籍出版社，2006 年；唐长孺：《范长生与巴氏据蜀的关系》,《历史研究》，1954 年第 4 期。

范长生，涪陵郡丹兴县人。

杨伟立：《成汉史略》，载四川省社会科学院历史研究所主编：《四川通史丛书》，重庆出版社，1983 年，第 39 页。

范长生（218—318），本籍，今重庆市黔江区人，大成丞相。早年居青城山，为天师道领袖。李雄起义，入成都称帝，任其为丞相，尊为天地太师，道家崇祀为长生大帝。

重庆历史名人馆与重庆文化艺术展示中心：《范长生简介》。

范贤，名长生，一名延九，又名九重，又名支，字元，又字元寿，别号蜀才，邑名丹兴时人也，属涪陵郡，其先世无可考。

光绪《黔江县志》卷四《人物·名贤》，第 31—32 页。又见《黔江县志》，中国社会出版社，1994 年，第 673 页。

谨按：《晋载记》《华阳国志》《方舆览胜》等书记范氏，详略不同，名字亦多差互，然以为涪陵丹兴人，故不异也。

光绪《黔江县志》卷4《人物·名贤》，第320—322页。

范长生为涪陵丹兴人。丹兴，即今川东之黔江县。

段玉明：《范长生与巴氐据蜀的关系再探》，《云南教育学院学报》（对外汉语教学与研究版），1989年第3期。

范长生，原籍涪陵丹兴县（治今黔江县东）人，其先在蜀汉时被迁到川西。

管维良：《巴族史》，成都：天地出版社，1995年。

范贤，名长生，一名延久，又名九重；一曰支（又作文），字符，涪陵丹兴人也。

郭祝崧：《青城山李善济长联注解》，《成都师专学报》，1995年第1期。

晋常璩《华阳国志》："范贤，名长生……涪陵丹兴人。"丹兴，今重庆黔江县（区）。

唐明邦：《范长生的易学思想》，《宗教学研究》，2001年第4期。

又案：晋常璩《蜀李书》（《经典释文序录》自注引）云："（蜀才）姓范名长生，一名贤，隐居青城山，自号蜀才，李雄以为丞相。"

与常氏别著——《华阳国志》卷九《李特雄期寿势志》尚合：永兴元年（公元三〇四）冬十月……（李）雄遂称成都王……建元大武原校曰："建元大武当作改元建兴，国号大成。"迎范贤为丞相……贤既至，尊为天地太师，封西山侯，复其部曲，军征不预，租税皆入贤家。贤名长生，一名延久，又名九重，一曰支，字符，涪陵丹兴人也。

程元敏：《蜀才及其易注》，《台湾大学中文学报》。

蜀才（？—318）是汉晋时期土家先民巴人中的一位信奉道教的著名易学家，根据《李蜀书》（一名《汉之书》）《华阳国志》《经典释文·序录》等记载，并据《晋书》关于成汉三位开国者李特、李流、李雄的论述，则知其姓范，名长生，一名延久，又名重九，一名支，一名贤，字符寿，涪陵丹兴人，自称蜀才，曾隐居青城山，官至李雄成汉政权的丞相。丹兴即今重庆黔江区。

唐明邦、汪学群：《易学长江文化》，湖北教育出版社，2004 年；肖洪恩：《先秦至汉晋时期土家族哲学的核心价值观研究》，《湖北民族学院学报》，2007 年第 6 期。

范长生，又名延久、九重、支，字符，涪陵丹兴人。范姓为賨人大姓，汉高祖刘邦起兵时就有阆中賨人范目为其招募賨民讨伐暴秦。

曾维加：《賨族与道教及大成国的关系探析》，《中南民族大学学报》（人文社会科学版），2008 年第 1 期。

（魏晋南北朝时期）黔江人范长生，助粮饷支持李雄，攻占成都，建立成汉国，官拜丞相，轻徭薄赋，兴办文教，史称“治才”。

熊笃：《巴渝文化与城市精神：巴渝文化积淀形成重庆城市七大个性特征》，

范长生，一名贤，涪陵郡丹兴县（今重庆黔江）人。

曾超：《巴人易学探寻》，《重庆市历史地理专业委员会第八届年会学术交流论文集》。

范长生（？—公元 318 年），一名延久，又名九重，一名支，字元寿，别号蜀才，东汉巴东属国（稍次于郡的行政机构，蜀汉改称涪陵属国、涪陵郡，治今重庆彭水郁山镇，西晋初治今黔江区县坝村）丹兴县（今重庆市黔江区）人。

黄宗福：《大成名相范长生》，载重庆市政协主编：《重庆旅游文史丛书》黔江卷《神秘黔江》，重庆出版社，2009 年，第 256—260 页。

范贲（？—349 年）三国蜀汉涪陵属国（后改为涪陵郡，治今彭水郁山镇，西晋初治今黔江区县坝村）丹兴县（今重庆市黔江区）人，范长生之子，板楯蛮（賨人，土家族先民），五胡十六国时期大成国丞相，成汉末代皇帝。

黄宗福：《范贲——一位黔江藉皇帝》，重庆市政协主编：《重庆旅游文史丛书》黔江卷《神秘黔江》，重庆出版社，2009年，第252—255页。

范长生，别名（字或号）：九重；籍贯：青城山（今四川灌县西）。

吴海林等：《中国历史人物生卒年表》，黑龙江人民出版社，1981年。

范长生，十六国时成国大臣，一名延久，又名九重、文（一作支），字元，涪陵丹兴（今四川黔江）人，青城山天师道首领。

吴海林：《中国历史人物辞典》，黑龙江人民出版社，1983年。

范长生，十六国时成汉大臣。涪陵丹兴（今四川黔江）人，史载其别名甚多。出身豪族世家，天师道首领。

张作耀：《中国历史便览》，人民出版社，1990年。

范长生（？—公元318年），一名延久，又名九重，或名文（一作支），字元。西晋和十六国时期涪陵丹兴（今四川黔江）人。又被称为范贤。居青城山（在四川灌县城西南，相传张道陵修道于此），是当地天师道的首领。拥有部曲宾客千余家。

张宏儒、张晓虎：《中华人物史鉴》第四卷，团结出版社，1997年。

范长生，十六国时成汉大臣。一名延久，又名九重，字元，涪陵丹兴（今四川黔江）人。本为土著豪族，天师道首领。西晋末，见蜀中动乱，率部曲千余家依青城山自保。后与李流、李雄义军取得联络，曾资助义军粮草，解救饥荒，使之声势复振。李雄欲奉他为主，不从。

史仲文、胡晓林等：《中华文化人物辞海·文化人物》，中国国际广播出版社，1998年。

范长生，十六国时期成汉大臣。一名延久，又名九重，字元。涪陵丹兴（四川黔江）人，天师道首领。

张作耀、蒋福亚等:《中国历史辞典》第二册，国际文化出版公司，2000年。

范长生，十六国时成汉道士。又名延九、重九，或名文（一作支），字元，涪陵丹兴（今四川黔江）人。他精通天文术数，博学多艺，居于青城山（今四川都江堰市境内），拥有部曲千余家，为当地天师道首领。

黄海德、李刚:《简明道教辞典》，四川大学出版社，1991年。

范长生，晋代人，通气功，一名延九，又名重九，或名文（一作支），字元。涪陵丹兴（今四川黔江）人，居于青城山（今四川灌县）。

袁钟等编:《中医辞海》中册，中国医药科技出版社，1999年。

范长生，十六国时涪陵丹兴（今重庆黔江）人，本名延久，又名九重，或名支，字元，博学善天文术数，为著名天师道首领，西晋末率千余家依青城山（在今四川）。

郑天挺、谭其骧等:《中国历史大辞典》下卷，上海辞书出版社，2010年。

今按：上述文献和论著足以证明范长生的籍贯是涪陵丹兴县（今重庆市黔江区），这一点在史学领域信而有征，已早成定论。确认范长生为涪陵丹兴（今重庆市黔江区）人的史籍、论著还有很多，这里不再一一列举。

（二）丹兴县、黔江县、黔江区建制沿革相关文献和研究辑录

于是涪陵谢本白璋，求以丹兴、汉髪二县为郡，初以为巴东属国，后遂为涪陵郡。

（晋）常璩:《华阳国志·巴志》；又见刘琳:《华阳国志校注》，巴蜀书社，1984年，第55页。

《沈志》:“建安六年（201年）刘璋……以涪陵县分立丹兴、汉葭

（即汉髮）二县，立巴东属国都尉，后为涪陵郡。”据此，二县是改涪陵为巴东属国之时所分立，常璩于此叙述含混。（巴东属国）东汉时于归属汉王朝的少数民族聚居区设置“属国”，相当于郡一级而稍低，军政长官叫属国都尉……巴东属国统涪陵、永宁（灵帝时置）、丹兴、汉髮四县。

刘琳：《华阳国志校注》，第 56—57 页。

丹兴县，建安六年（201 年）刘璋分涪陵县立，见《沈志》《寰宇记》卷一二〇：“丹兴县，盖在今黔州东二百里黔江县是。”《纪要》卷六十九亦云：“即今黔江县治。”

左思《蜀都赋》刘逵注：“涪陵、丹兴二县出丹砂”。丹兴之得名即此也。

刘琳：《华阳国志校注》，第 87—88 页。

丹兴，建安六年（201 年）刘璋从谢本置，今黔江县地是也。山有丹穴，周秦时，巴寡妇清据之数世，富可敌国。

入江之水，自东来者，丹涪水为大（今云郁江）。源出鄂西利川县界，流经黔江县（汉丹兴县）北，郁山镇（汉复县）南，至彭水（魏晋涪陵县治）入乌江。以盐丹运故道，通舟楫亦早。

任乃强：《华阳国志校补图注》，上海：上海古籍出版社，2015 年，第 43—45 页。

黄宗福《黔江区建置沿革》（摘录 1）

东汉时期（25 年—220 年）始建丹兴县。

汉献帝建安六年（201 年）分涪陵县置巴东属国（稍低于郡级政区）和丹兴县、汉葭县，并以汉灵帝时（168 年—189 年）所置永宁县来属，属国都尉驻涪陵县。辖 4 县：涪陵（治今彭水苗族土家族自治县汉葭镇）、汉葭（治今彭水苗族土家族自治县郁山镇）、丹兴（治今黔江区舟白街道县坝村附近，一说治楠木坪，即城东街道）、永宁（治今贵州省思南县以北）。

时丹兴县辖境甚广，东至充县（今湖南桑植县）、迁陵（今湖南保靖县），东北达沙渠（今湖北恩施市），南抵沅陵（今湖南沅陵县），西南连牂牁（今贵州遵义一带），西接涪陵县（今彭水自治县），西北临平都（今丰都县）、临江（今忠县）。《重庆建置沿革·涪陵市、黔江地区建置沿革》（重庆出版社 1998 年出版）说：“东汉时，本区分为巴郡、巴东属国（相当于郡）、武陵郡，置有枳、涪陵、平都、汉葭、丹兴 5 县”“酉阳土家族苗族自治县为丹兴、汉葭二县地；秀山土家族苗族自治县为丹兴县地”。

蜀汉时期（221 年—265 年）

蜀汉章武元年（221 年）改巴东属国为涪陵属国，丹兴县隶之。蜀汉延熙十一年（248 年）涪陵豪族徐巨反，杀死属国都尉。延熙十三年（250 年），邓芝讨平后改涪陵属国为涪陵郡，并置汉平县，郡治汉葭（今彭水郁山镇庞吏坝）。蜀汉延熙十三年涪陵郡辖 6 县：涪陵、汉葭、汉复、汉平、丹兴（治今黔江区舟白街道县坝村）、万宁。

晋朝（西晋、成汉、东晋）时期（265 年—420 年）

（1）西晋时期

仍置涪陵郡，领涪陵、汉复、汉平、丹兴、万宁 5 县。晋武帝泰始元年（265 年）至太康元年（280 年）16 年中，涪陵郡治和丹兴县治均设于丹兴县之县坝（今黔江区舟白街道县坝村）。太康元年，省丹兴县入汉复县，汉复县则为涪陵郡治（治今彭水自治县郁山镇，一名汉发县，太康中改名汉葭）。涪陵县（治今彭水汉葭镇乌江东岸）。汉平县（治今武隆区鸭江乡，一说白马镇境）。

（2）成汉时期

西晋永兴元年（304 年），巴氐人李雄在成都称王，继而称帝，国号大成。咸康四年（338 年）雄从弟李寿篡夺侄子李期皇位自立，改国号为汉，改元汉兴，史称“成汉”。成汉前期，其建制大至仍如晋初，涪陵郡时为梁州辖地，在黔江一带仍设丹兴县，《华阳国志》：范长生，涪陵丹兴县人也。是李成时犹有丹兴名。

李寿篡位后，以“郊甸未实，都邑空虚”为由，引南方僚人入蜀境，牂牁等一带僚人乘机大量涌入。故西晋永嘉（307 年—312 年）以后，涪陵郡一带“没于蛮僚，图记不传”，郡县多荒废，历时长达 256 年。

（3）东晋南北朝时期

东晋永和三年（347 年）桓温伐蜀，灭掉成汉。因涪陵郡一带为当地蛮酋所割据，酉阳、秀山、黔江、彭水、武隆（东南部）仍为獠人所据，东晋政权政令无法抵达，桓温遂将涪陵郡侨置于枳县（今涪陵区）。枳县，系桓温于 347 年迁走原巴郡枳县置涪郡（又名枳城郡），领枳县 1 县，为郡治。

南北朝时，北周疆域已扩张到乌江中上游地区，原涪陵郡一带“蛮族”首领田思鹤于周武帝保定四年（564 年）“以地内附”，归顺北周政权。北周于原枳县（今涪陵区）地置“涪陵镇”以安置之，属巴郡巴县（今“涪陵”之名始于此）。又于原涪陵县地置奉州，治今彭水汉葭镇，无辖县。同时于原丹兴县地置庸州，治黔江县东县坝乡（今黔江区舟白街道县坝村）。建德三年（574 年）废奉州而置黔州，治今彭水自治县郁山镇，无辖县。

黄宗福《黔江区建置沿革》（摘录 2）

隋唐时期

隋开皇五年（585 年），（于原丹兴县地）置石城县，属庸州，治今黔江区舟白街道县坝村。隋大业三年（607 年）改黔州为黔安郡，废庸州，省石城县并入彭水县，属黔安郡。（隋初，涪陵镇仍属巴县，开皇三年，迁汉平县于镇；十三年，改汉平县为涪陵县，以镇名为县名，治今涪陵区城区。）

唐高祖武德元年（618 年），改黔安郡为黔州。复置石城县，隶黔州。贞观四年（630 年）将石城县治所迁至今址（黔江区城东街道）。天宝元年（742 年），改石城县为黔江县，“黔江”之名沿用至今。

黄宗福《黔江区建置沿革》（摘录 3）

中华人民共和国时期

（1）四川省辖时期（1949 年 11 月 12 日—1997 年 3 月 14 日）

1949 年 11 月 12 日，黔江解放，置黔江县，隶四川省，治联合镇（今黔江区城东街道）。1950 年属四川省酉阳专区。1952 年划入四川省涪陵专区。1983 年 11 月，国务院批准撤销黔江县，设立四川省黔江土家族苗族自治县。

1988 年 5 月 18 日，国务院批准将彭水苗族土家族自治县、石柱土家族苗族自治县和秀山、酉阳、黔江土家族苗族自治县从涪陵地区划出，单独设立四川省黔江地区，黔江地区行政公署驻黔江土家族苗族自治县联合镇（今黔江区城西街道行署街）。

1996年，中共中央决定将重庆改设为直辖市。1996年9月，经中央批准，重庆市受四川省委委托代管三峡库区的万县市、涪陵市和黔江地区。

（2）重庆市辖时期（1997年3月14日至今）

1997年3月14日，八届全国人大五次会议正式表决通过设立重庆直辖市的议案，重庆市被正式批准设立直辖市。重庆直辖市管辖原重庆市、万县市、涪陵市和黔江地区所辖的行政区域，市人民政府驻渝中区人民路。6月18日，重庆直辖市成立，黔江地区正式由四川省划归重庆直辖市管辖。

1998年6月18日，国务院批准撤销黔江地区，设立重庆市黔江开发区，代管石柱、黔江、彭水、酉阳、秀山五个自治县，开发区管委会仍驻黔江地区行署原址。

2000年6月25日，国务院同意重庆市《关于撤销万州移民开发区和黔江开发区及撤销黔江土家族苗族自治县，设立黔江区的请示》，9月28日，重庆市黔江区正式成立，区政府仍驻今黔江区城西街道行署街。原黔江开发区代管的秀山、酉阳、彭水、石柱4个少数民族自治县由重庆市直接管理。

※ 注：

上述（摘录1—3）录自黄宗福：《黔江区历史沿革详说》，《武陵论坛》，2012年第4期。

今按：据上述《华阳国志》等历史文献记载，今重庆市黔江区，于东汉献帝建安六年（公元201年）建县，名丹兴，属巴东属国（蜀汉时改为涪陵属国、涪陵郡）管辖。隋、唐为石城县。从唐天宝元年（742年）改名黔江县，至中华人民共和国四川省辖至的1983年11月，在长达1241年中，均名黔江县。1983年11月，撤销四川省黔江县，设立四川省黔江土家族苗族自治县。2000年6月28日，撤销重庆市黔江开发区和重庆市黔江土家族苗族自治县，设立重庆市黔江区至今。故范长生、范贲的籍贯，乃东汉巴东属国丹兴县（因蜀汉时改巴东属国为涪陵属国、涪陵郡，又因西晋初期，涪陵郡郡治和丹兴县县治均设于今黔江区舟白街道县坝村，故史称“涪陵丹兴县”)，即今重庆市黔江区无疑。所以，东晋至今的史家均从常璩《华阳国志》之说，亦称“范长生，涪陵丹兴人”，即今重庆市黔江区人。

二、民族：板楯蛮、賨人、土家族

东汉时，于归属汉王朝的少数民族聚居区设置“属国”，相当于郡一级而稍低，军政长官叫属国都尉……巴东属国统涪陵、永宁（灵帝时置）、丹兴、汉发四县。

刘琳：《华阳国志校注》，巴蜀书社，1984 年，第 56—57 页。

范氏，李雄丞相范长生，涪陵丹兴人，当即诸葛亮（编者注：应为蜀后主，时亮已去世 16 年）此次迁于蜀者。范氏当亦为板楯蛮，与李雄为同族，可见涪陵亦为板楯蛮地区。

刘琳：《华阳国志校注》，第 85—86 页。

汉初阆中的賨人首领是一个姓范的人，而涪陵范氏亦为其地统有部曲之大姓，当非偶然。很可能范氏即出于賨人部落。

朱雷、唐刚卯：《唐长孺文存》，上海古籍出版社，2006 年；唐长孺：《范长生与巴氐据蜀的关系》，《历史研究》，1954 年第 4 期。

故而唐（长孺）先生说：“出于涪陵而有賨人嫌疑的蜀汉射猎官范氏、徐氏与李氏颇有同族可能。”这无疑是范长生支持李氏的一个原因。

段玉明：《范长生与巴氐据蜀的关系再探》，《云南教育学院学报》（对外汉语教学与研究版），1989 年第 3 期。

据考古发现，远在距今 1～60 万年的旧石器时代中晚期黔江地区就有古人类活动，成为这里最早的土著居民——古代部族。之后的新石器时代，史称溪峒“蛮人”部落。又经过漫长的史前文明时期，由狩猎为主逐步过渡到“伐木烧畲，以种五谷”“傍山建筑，聚族而居”。至商、周，才以“濮”的名称载入史册，濮臣服于商，纳贡献方物。《尚书·周书·牧誓》记载，周武王伐纣，誓师牧野，参战的有“庸、蜀、羌、髳、微、卢、彭、濮”八国。注释说：“庸、濮在江汉以南。”周灭商后被封为“濮侯”，为南方最大的一支民族，称为“百濮之国”。杜预《春秋释例》说：“濮夷无君长总统，各以邑落自聚，故称百濮。”据考证，濮国疆域大约在今天的渝东南（含黔江）、湘西北、鄂西、黔东北等地，即今天的武陵山区一带。濮人以丹、茶、蜜、蜡等方物向周王朝进贡。春秋战国时期，渝东南一带为巴国的南部疆域，统称其民为巴人，此外还有被称为蛮、儴、蜑的族群。秦灭巴后，称“巴郡、南郡蛮”“武陵蛮”，两汉时称这一带巴人为“禀君种”“板楯蛮”。东汉、魏晋南北朝时称他们为“武陵蛮”“五溪蛮”“西溪蛮”“渝水蛮”和“黔江蛮”。《华阳国志》说：“涪陵郡（今渝东南、黔东北一带）”多儴、蜑之民，“诸县北有儴、蜑，又有蟾夷”“其属有濮、賨、苴、共（龚）奴、夷、蜑之蛮”。宋乐史著《太平寰宇记》说：“黔州杂居溪洞，多是蛮僚”。至乾隆二十二年任黔江知县的王尔鉴在《亭子关》一诗中写道：“万壑辟溪洞，儴蜑潜其间。在昔啸烟雨，出没恒无端。所以马伏波，曾征武陵蛮。”在三千多年的历史中，无论史称渝东南地区的居民为濮人、巴人也好，还是称他们为蛮、賨、苴、共、奴、夷、儴、蜑、僚也好，他们多为今天聚居在这一带的土家族先民，由于他们长期交往融合，繁衍生息，以板楯蛮（賨人）为主体，多元合一而成为今天的土家族。他们在“山险水滩”的武陵山区，凭借盐泉丹穴之利，斩草落业，世代生息繁衍，创造了灿烂的巴文化。包括黔江在内的渝东南一带的土家先民们，有自己的语言（无文字），风俗习惯，宗教信仰，礼仪禁忌，民族文化，衣、食、住、行、婚、丧、嫁、娶习俗独具一格。这里有被誉为“人世仙居”的土家族吊脚楼群，有干栏与井院相结合、华夏建筑与西南少数民族建筑完美结合的庭院式庄园，黄溪张氏庭院和草圭塘李氏庭院就是其中的典型。这里有“歌丧哭嫁”的婚丧礼仪。这里的男女老少能歌善舞，瑰丽多姿的土家山歌和舞蹈，为此地赢得了“歌舞之乡”的美誉。这里有独特的饮食习惯和绿色环保的美味佳馔以及精美绝伦的民间工艺绝活等。然而，在这一地区，由于山高水险，长期交通梗阻，信息不畅，又受“汉不入境，蛮不出峒”禁令的桎梏，所以极少与外界沟通，外界也很少有人深入腹地，一直被人认为是“不知有汉，无论魏晋”的“世外桃源”，被披上一层神秘的面纱，是一个极为神秘的地区。

渝东南这个被韩愈称为“林蛮洞蜑”的古涪陵郡，“土地山险水滩，人多戆勇，多獽、蜑之民。县邑阿党，斗讼必死。无蚕桑，少文学，唯出丹、茶、蜜、蜡。”然走出这深山老林“世外桃源”者，多前程无量，“有将帅之才”，不乏佼佼者。秦代的巴寡妇清，以其先辈在丹兴、涪陵一带得丹穴，获得开采炼制丹砂的专利，成为累世巨富，受到秦始皇的接见和褒奖，下旨为她筑怀清台，还被司马迁载入《史记》。历经东汉、蜀汉、西晋、成汉、东晋五朝的涪陵丹兴（今黔江）人范长生（板楯蛮即賨族），随蜀国大将邓芝迁涪陵徐、蔺、谢、范五千家于蜀后，做了青城山天师道首领，在乱世之际支持賨人李雄率领的流民起义，后成为大成国李雄政权丞相，封四时八节天地太师和西山侯。他任大成国丞相 13 年，将大成治理得富实昌盛，四方来朝。他年近百岁，去世后其子范贲继任大成丞相十七年。公元 347 年，东晋桓温伐蜀，灭蜀李。在国难当头，成汉败亡之际，范贲高举反晋大旗，称帝据蜀抗晋，历时三年。父子两代同朝为相，贲继而称帝据蜀抗晋，壮烈殉国，彪炳史册，传为佳话。清代黔江人陈景星（土家族）曾在外求学，中进士，历任山东文登、日照知县，继任济南知府，重文学，擅诗词，成为晚清诗坛上的著名诗人，辑有其千余首诗词的《叠岫楼诗草》传世。在近代，黔江人万涛（土家族）走出大山求学，投奔革命，任红三军政委兼前委书记、湘鄂西省军委主席团成员，与贺龙等老一辈无产阶级革命家一起，创建湘鄂西革命武装和革命根据地，年仅 28 岁便为中国革命献出了宝贵生命。这些出生“蛮夷之地”的土家、苗族汉子，为何走出蛮荒之地后，竟能有如此惊世作为，影响深远而流芳百世呢？这对内对外来讲，俨然又是一个谜。

黄宗福:《神秘的北纬 30 度之神秘黔江》，载重庆市政协主编:《重庆旅游文史丛书》黔江卷《神秘黔江》，重庆出版社，2009 年，第 256—260 页。

《山海经·海内经》："西南有巴国，太皞（音 hào，即伏羲）生咸鸟，咸鸟生乘厘，乘厘生后照，后照是始为巴人。"根据地下发掘的巴族历史文物及文献记载，巴人的语言、文字、风俗都与华夏族不同。他们是中国的一种少数民族。据巴人自己的传说，他们的祖先是廪君，《后汉书·南蛮西南夷列传》据《世本》云："巴郡南郡蛮本有五姓：巴氏、樊氏、瞫氏、相氏、郑氏。皆出于武落钟离山（按：据《寰宇记》卷一四七、一七八，此山在湖北长阳县西北七十八里）。其山有赤、黑二穴，巴氏之子生于赤穴，四姓之子，皆生黑穴。未有君长，俱事鬼神。乃共掷剑于石穴，约能中者，奉以为君。巴氏子务相乃独中之，众皆叹。又令各乘土船，约能浮者，当以为君。余姓悉沉，惟务相独浮。因共立之，是以为廪君。乃乘土船，从夷水（今清江）至盐阳（今利川）……廪君于是君乎夷城（今恩施）。"巴人的居住区域大致在今四川东部、湖北西部及贵州东北部一带。

刘琳：《华阳国志校注》，第 22—23 页。

賨又称板楯蛮，巴人的一支。《舆地纪胜》卷一六二引《晋中兴书》："賨者，廪君之苗裔也。巴氏子务相……立为廪君，子孙列布于巴中。秦并天下，薄其税赋，人出钱四十，巴人谓赋为賨，遂因名焉。"賨人虽或与廪君同源，然自秦汉以来，其风俗、语言、信仰、分布地等等均与"廪君蛮"不同。秦汉时，賨人主要居住于四川嘉陵江、渠江及长江流域。汉末以后，有迁徙至关中、甘肃、陕南乃至汉江流域者。"

刘琳：《华阳国志校注》，第 29—30 页。

秦昭襄王时，白虎为害，自秦、蜀、巴、汉患之。秦王乃重募国中"有能杀虎者，邑万家，金帛称之"。于是夷朐忍廖仲、药何、射虎、秦精等乃作白竹弩于高楼上，射虎，中头三节。白虎常从虎群，瞋恚，尽搏杀群虎，大响而死。秦王嘉之曰："虎历四郡，害千二百人，一朝患除，功莫大焉。"欲如要（约），王嫌其夷人；乃刻石为盟，要复夷人顷田不租，十妻不筭[①]，伤人者论，杀人雇死倓钱[②]。盟曰："秦犯夷，输黄龙一双；夷犯秦，输清酒一钟。"夷人安之。汉兴，亦从高主定秦有功，高主因复之，专以射白虎为事，户岁出賨钱口四十，故世号"白虎复夷”，一曰“板楯蛮”，今所谓“弜头虎子”者也。

※ 注：

① 要复夷人顷田不租，十妻不筭。“要”，约。“复”，免除租赋徭役，下同。每户田在一顷以下者不交租税，虽有十妻也免收口筭钱。“筭”，音 suàn，通“算”，为秦、汉的一种人头税，成年人每人每年交一百二十文钱叫一“筭”。

② 伤人者论，杀人雇死倓钱。伤人者按情节轻重论罪；杀人者向死者家属赔偿一定的钱财可赎免死罪。“雇”，赔偿。“倓（音 tǎn）钱”赎罪的钱，《后汉书·南蛮西南夷传》：“杀人者得以倓钱赎死。”

（晋）常璩：《华阳国志》，又见刘琳：《华阳国志校注》，第 35—36 页。

夷民：“夷”指“白虎夷”，即賨人或板楯蛮，“民”指汉民。

刘琳：《华阳国志校注》第 116 页。

賨：“賨，南蛮赋也。”此字当是据巴人语音而造。《后汉书·南蛮传》载秦置黔中郡，在“武陵蛮”中收取賨布，盖“武陵蛮”亦称赋为“賨”。

板楯蛮：楯同盾。胡三省《鉴释文辨误》卷二：“板楯蛮以木板为盾，故名。”

刘琳：《华阳国志校注》，第 36 页。

汉高帝灭秦，为汉王，王巴、蜀。阆中人范目有恩信方略，知帝必定天下，说帝，为募发賨民，要与共定秦。秦地既定，封目长安建章乡侯。帝将讨关东，賨民皆思归。帝嘉其功而难伤其意，遂听还巴。谓目曰：“富贵不归故乡，如衣绣夜行耳。”徙封阆中慈（凫）乡侯。目固辞，乃封渡沔（县）侯。故世谓“三秦亡，范三侯”也。复除民罗、朴、昝、鄂、度、夕、龚七姓不供租赋。阆中有渝水，賨民多居水左右。天性劲勇，初为汉前锋，陷阵，锐气喜舞。帝善之，曰：“此武王伐纣之歌也。”乃令乐人习学之，今所谓“巴渝舞”也。

板楯七姓以射白虎为业，立功先汉，本为义民，复除徭役，但出賨钱口岁四十。其人勇敢能战。

（晋）常璩：《华阳国志》，又见刘琳：《华阳国志校注》，第37、52页。

《青城山志》记载："汉晋之际，青城山上的僚人与賨人较多，特别是涪陵人范长生率巴賨人千余家依青城山，助成汉立国，蜀中一时安定繁荣，道教在青城山得到发展。"

重庆市黔江区民族宗教志编纂委员会编：《黔江民族宗教志》，2010年，第41页。

崇拜白虎。《巴志》载："廪君死，魂魄化为白虎，巴氏以虎饮人血，遂以人祠焉。"巴人以白虎为图腾信仰，当作族徽，崇敬白虎，将白虎神作为家神予以供奉，称白虎为毕兹（"毕兹"是"伏羲"的另一译音）。正因为如此，不少史籍称巴人为"白虎夷""白虎复夷"或"白虎族"。其中，"白虎复夷"又称板楯蛮，因射杀白虎而得名，但其图腾仍是白虎。徐中舒《论巴蜀文化》说："他们也属巴族""白虎就是板楯蛮的族徽"。黔江的土家族也有崇虎、敬虎的习俗。

巴人这一族，在不同的历史时期和地域有不同的称呼。秦汉时，出现"賨人""板楯蛮""白虎夷人""白虎复夷"的称呼。以后，巴人这一称呼渐少。童冠英《两晋南北朝时期民族大变动中的廪君蛮》云："廪君蛮、巴郡南郡蛮、板楯蛮、賨人、巴氏都是一个民族的不同称呼。按该族传说中的始祖，则称廪君蛮；按分布地域，则称巴郡南郡蛮；按该族对租赋的称呼，则称之为賨人；按使用的武器，则称为板楯蛮；按族中迁至氐族区域的一支，则又称为巴氐。"

隋、唐以后，多以居住区域名称相称为武陵蛮、五溪蛮、彭水蛮、渝水蛮。南宋以后，出现土官、土民、土家、客家（汉人）等称呼。潘光旦教授概括巴人发展演变为土家族的历史过程为"由巴而夷，由夷而蛮，由蛮而土（家）"。

《黔江民族宗教志》，2010年，第50—51页。

范长生（？—公元318年），一名延久，又名九重，一名支，字元寿，别号蜀才……板楯蛮（賨人，土家族先民），晋时天师道首领，十六国时期大成国（都成都）皇帝李雄拜为丞相，尊称范贤，封四时八节天地太师、西山侯。百姓称之为"山中宰相"。

1993 年 8 月，由民族出版社出版了《中国土家族历史人物》一书，该书辑录了武陵山区湘鄂川黔四省边区五地、州、市 32 个土家族苗族自治县从西汉至现代土家族名人 320 名，《大成名相范长生》一文辑入其中。这是我国第一次全面收集、整理、出版具有权威性的中国土家族历史人物专著，在 320 名土家族著名历史人物中，封侯拜相者，唯范长生一人耳。

黄宗福：《大成名相范长生》，载重庆市政协主编：《重庆旅游文史丛书》黔江卷《神秘黔江》，重庆：重庆出版社，2009 年，第 256—260 页。

范贲（？—349 年），范长生之子，板楯蛮（賨 cóng 人，土家族先民），五胡十六国时期大成国丞相，成汉末代皇帝。

黄宗福：《范贲——一位黔江藉皇帝》，重庆市政协主编：《重庆旅游文史丛书》黔江卷《神秘黔江》，重庆出版社，2009 年，第 252—255 页。

三、宗教：道教（天师道）

汉末，沛国张陵学道于蜀鹤鸣山，造作道书，自称“太清玄元”，以惑百姓。陵死，子衡传其业。衡死，子鲁传其业。鲁，字公祺，以鬼道见信于益州牧刘焉……其供道限出五斗米，故世谓之“米道”。

（晋）常璩：《华阳国志》，又见刘琳：《华阳国志校注》，巴蜀书社，1984 年，第 56—57 页。

汉末，张鲁居汉中，以鬼道教百姓，賨人敬信巫觋，多往奉之。

（唐）房玄龄：《晋书·李特载记》。

巴俗事道，尤重老子之术。

（唐）李延寿：《北史》卷六十六《泉企传》。

《载记》称他“岩居穴处，求道养志”，《魏书》卷九十六《賨李雄传》称：“时涪陵人范长生颇有道术，雄笃信之。”《太平御览》卷一百二十三引《十六国春秋·蜀录》云：“范长生卒，以其子贲为丞相。长生善天文，有术数，民奉之如神。”各条都说明范长生是一个道教徒，而如《十六国春秋》所述，还是拥有不少信徒的宗教首领。

朱雷、唐刚卯：《唐长孺文存》，上海古籍出版社，2006年；唐长孺：《范长生与巴氐据蜀的关系》，《历史研究》，1954年第4期。

道教是我国固有的传统宗教，东汉顺帝时（126—144年），张陵用黄老之学，改造巴蜀五斗米道，奉老子为教主，以《老子》五千文为主要经典，于是逐渐形成道教的重要教派天师道。《仙鉴》卷十九称张陵为天师，其长子张衡称嗣师，衡长子鲁称系师，亦嗣法于此，道统世代不绝。故青城山为道教第五大洞天（见《云集七鉴》），《舆地纪胜》说：“第五洞及青城山宝仙九室洞。”

范长生是“三张”以后，天师道又一重要首领。《晋书·李流载记》说：“涪陵人范长生，率千余家依青城山”“长生善天文，有术数，民奉之如神”。

《李雄载记》又说：“雄以西山候范长生岩居穴处，求道养志，欲迎立为君而臣之。”

《灌县志》卷二十二《宗教》，四川人民出版社，1991年，第687—688页。

李雄以范长生有名德，为蜀人所重，欲以为君而臣之。长生固辞，劝雄称尊号。李雄即帝位，国号大成，加范长生天地太师，封西山候，复其部曲，不预军征，租税一入其家。

（宋）司马光：《资治通鉴·晋记》。

（范）长生为蜀人所重，奉之如神，雄欲迎致立为君长而臣之。长生固辞曰：“推步太元，五行大会甲子，祚终（钟）于李，非吾节也。”

（北魏）崔鸿：《十六国春秋·蜀录》。

"雄遣信奉迎范贤，欲推戴之，贤不许，更劝雄自立。"（信）使者。賨人信奉道教，范长生为道教领袖，又曾助雄，故雄欲推戴之为首领。

"天地太师"上，顾校云："当有'四时八节'四字，《通鉴考异》云：《华阳国志》，尊长生'四时八节天地太师'，可证。"按顾说是，今本乃后人据《晋书·载记》妄删此四字。称"四时八节天地太师"者，盖取调阴阳、奉天地之意。

刘琳：《华阳国志校注》，第 663—665 页。

贤为李雄国师，以左道惑百姓，人多事之。

（唐）房玄龄：《晋书》卷五十八《周抚传》。

范长生是一个五斗米道徒，史书上称他"岩居穴处，求道养志""颇有术数"。我们知道，涪陵郡是民族杂居的地方，其民多事巫祀鬼。

段玉明：《范长生与巴氐据蜀的关系再探》，《云南教育学院学报》（对外汉语教学与研究版），1989 年第 3 期。

其中，氐羌系的宗教文化经西汉以来的《太平经》传播，形成"天师道"。张陵、范长生在氐羌的巫术基础上创立了道教初型的"五斗米道"。从"夷事道，蛮事鬼"与"荆人鬼，越人魕"两种分类来看：荆楚的蛮苗是信鬼主的，巴夷（及蜀）是信道术的，海滨越人是重魕祥的。长江上（巴蜀）中（荆楚）游的老君（彭祖）之道术是道教的先启，东海（齐鲁与吴越）的魕祥与中原的圣贤是方术与人物神的前因，各兄弟民族的巫术合成综杂的道教。

付元天、王家佑：《青城山道教仙源录》，《道协会刊》，1986 年第 18 期。

经过张鲁和范长生先后数十年的经营，奠定了天师道牢固的根基。故（彭洵）《青城山志》说："迄晋以降，地因范贤而显。"从此青城山道观林立。

《灌县志》卷二十二《宗教》，四川人民出版社，1991年，第687—688页。

“永和初，桓温征蜀……以功迁平西将军。隗文、邓定等复反，立范贤子贲为帝。初，贤为李雄国师，以左道惑百姓，人多事之。贲遂有众一万，抚与龙骧将军朱焘击破贲，斩之。”

（唐）房玄龄《晋书》卷五十八《周访附子抚传》，又见任乃强：《华阳国志校补图注》，第515页。

当时，蜀人对桓温统率的晋军十分不满，反追思李氏。范贲称帝据蜀，高举抗晋大旗，利用蜀人排晋反晋情绪，凭借其父范长生在蜀中多年经营天师道的声望和影响，“由是以妖异惑众”，招集李氏旧部和蜀中信徒，整合反晋力量，壮大抗晋队伍。“蜀人相率归附”，拥有精锐兵勇万余，坚持抗晋斗争。

黄宗福：《范贲——一位黔江籍皇帝》，载重庆市政协主编：《重庆旅游文史丛书》黔江卷《神秘黔江》，重庆出版社，2009年，第252—255页。

道教是中国土生土长的宗教，以“道”为最高信仰，“德”为最高追求，以延年益寿、飞升成仙为目的。

成都是道教的发源地，道教信仰历来很盛。历来有大邑（鹤鸣山）为道教发源地，青城山为道教发祥地之说。张陵称天师，张衡称嗣师，张鲁称系师。汉末，张鲁在汉中建立了政教合一的割据政权。西晋末，虔信天师道的巴西賨民李特、李雄父子在成都建立大成政权，以“民奉之如神”的青城道长范长生为丞相，加号（四时八节）“天地太师”。范即以国师身份，大张旗鼓地弘扬天师道，“人多事之”，成都地区的天师道由是空前兴盛，至成汉政权败亡，范长生之子范贲尤能凭其声望号召信徒，“有众一万”（《晋书·周抚传》），并被推为皇帝，据蜀抗晋，持续近三年之久。

四、寿元

范长生，涪陵丹兴人也，一名延九，又名九重，又名支，字元寿，岩居穴处，求道养志，甚有名德，兼善天文，颇晓术数，年过百岁，为蜀人所重，奉之若神。

（北魏）崔鸿：《十六国春秋》卷八十《蜀录五》。

成丞相范长生卒，成主雄以长生子侍中贲为丞相。长生博学多艺能，年近百岁，蜀人奉之如神。

（宋）司马光：《资治通鉴》卷九十《晋记十二》。

昔有范寂，字无为，刘先主时栖止青城山中，以修炼为事，先主征之不起，就封为逍遥公，得长生久视之道，刘禅易其宅为长生观。

（宋）祝穆：《方舆胜览》。

宋祝穆《方舆胜览》（卷五十五页、十永康军下）记刘先主时有范寂者隐青城山："青城山，在本县。敏案：谓青城县。北三十二里……一名赤城，一名青城都……（唐）杜光庭《青城山记》：'岷山连峰接岫，千里不绝，青城乃第一峰也……有七十二小洞，应七十二候；有八大洞，应八节，乃神仙都会之府也。'……长生观，旧名碧落观，在青城县北二十里。昔有范寂字无为，刘先主时栖止青城山中，以修炼为事。先主征之，不起，就封为逍遥公，得长生久视之道。刘禅易其宅为长生观。有巨楠，高数十寻，围三十尺，世传长生手植，上有赤城阁。"

案：范寂即范长生，知者。《仙传》："寂得久视之术，年百余岁，蜀人奉为仙，称曰'长生'。"

兹后，明杨慎《艺林伐山》(《晋书》卷一二〇《李流载记注引》)曰："长生先事汉昭烈帝，至（李）特时一百三十余年。"

明陈懋仁《寿者传》(卷上页四～五）据之："范长生……先事刘先主，至李特时，年一百三十余岁。原注："一名寂，见杨慎《升庵遗集》。"

续刊青城山记曰："青城之麓者长生宫，汉之碧落观也，宋名长生观，一名范贤观，《云谷杂抄》又谓范仙观。旧志云：范寂，字无为，又称名友。敏案：支字之讹。字子。敏案：衍文也。元。汉昭烈时，隐居修炼于此，得长生久视之道，……寿一百三十余。晋李雄乱，率千余家依青城，保险自守。……"

鄙见：《资治通鉴·晋纪·十二记》：范长生太兴元年四月卒，同《十六国春秋》；又谓其年近百岁，异乎《仙传》之"年百余岁"及明人所说寿百三十余年。

程元敏：《蜀才及其易学》，《台湾大学中文学报》，1989年。

范长生始事昭烈，至李特时犹存，年一百三十岁。

（明）杨慎：《升庵集》卷三，清文渊阁四库全书补配清文津阁四库全书本。

唐李元爽一百三十六岁，见《白乐天集》。蜀范长生先事刘玄德（刘备），至李特时一百三十余年。岭南鸡窠老翁二百余。宋谯定百三十余岁，犹横经授易，见《蜀志》。

（明）夏树芳：《词林海错》卷一百五十四，明万历刻本。又见（明）李乐：《见闻杂纪》，明万历刻清补修本。

高允为中书令，年九十八；范长生为丞相，年百岁余；杨素将相二十载。

（明）顾有孝：《明文英华》卷八，清康熙传万堂刻本。又见明王世贞：《艺苑卮言》卷八，明万历十七年武林樵云书舍刻本。

李鼎祚《周易集解三十家》有蜀才，颜之推云："即范长生也。"李昊《汉之书》曰："长生自称蜀才。"澍按：长生一名延久，又名九重，又名支，字符寿。年过百岁，涪陵丹兴人。李雄立，拜丞相，又加为天地太师，尊之曰范贤，故又名贤。《艺林伐山》云："长生先事汉昭烈帝，至特时一百三十余年。"《方舆胜览》云："范寂，字无为。先主时，栖止青城山中，以修炼为事。先主征之，不起，就封为逍遥公。得长生久视之术，年百余岁。蜀人奉为仙，称曰长生，是长生即寂也。"

（清）张澍：《蜀典》卷二《蜀才》，清道光张氏安怀堂刻本。

范贤任大成丞相十三年，卒于东晋大兴元年（318 年），享年百岁，蜀人敬重如神，在青城山立庙祭之，奉为长生大帝。

田荆贵：《中国土家族历史人物》，民族出版社，1993 年，第 6—7 页。

注重食补，是当代国民追求健康长寿的重要养生之道。青城道家自古多美食，也多寿星。中国名宴"长生宴"便是青城山鹤翔山庄上善堂餐厅推出的具有道家滋补特色的养生美食。自三国蜀汉时期，蜀后主刘禅为范长生在此建长生宫——范氏庄园，修炼长生久视之术，采山之精、水之灵、珍林香草之花宝，巧妙烹饪，食之本色本味，得享天年，寿齐彭祖。之后，药王孙思邈居青城山，又加入川芎、山药等，做成药膳，以滋补元气。唐"安史之乱"时，唐玄宗李隆基避乱于蜀中，驻辇青城山长生宫，使道家饮食得以进一步丰富和发展。而今，鹤翔山庄特级厨师，依据《青城山道家食谱》等文献中道家菜品，融入民间道家饍生美食，进行精心的选料和烹饪成为"长生宴"，隆重推出了令人思之垂涎，视之娱目，食之爽口，留香三日的"鹤翔长生宴"，成为人们生日庆寿的时尚宴席和山庄接待尊贵客人、重要嘉宾的吉祥美食。如今，"长生宴"是在国家商标局注册的"长生牌"保健食品，它与"鹤翔素宴"相得益彰。2012 年"长生宴"走上央视荧屏，介绍给全国观众，并应邀参加"澳门第二届美食节"特别展示，使道家饮食养生文化瑰宝发扬光大，被誉为"青城文化餐"，享有崇高美誉，受到四海嘉宾青睐和赞赏。

录自新浪网·新浪旅游《青城山不可错过的美食诱惑：长生宴》，2009 年 6 月 11 日。

山庄有以老子《道德经》中“上善若水”命名的上善堂餐厅，餐厅开发推出了道家特色滋补美食——鹤翔长生宴，包括了“凤珠献寿”“太极豆花”等几十道特色菜肴，每道菜均有一则道家典故，因菜肴选料天然，烹调精妙，色、香、味、型恰如其分，韵味十足，加之按“吉祥长寿”设计的神圣庄严的开宴仪式，龙形凤舞的书法菜谱，五行八卦的特制器皿，以及宛若天籁的古乐伴奏，由“凤凰展翅”“金鸡独立”等艺术动作组成的“太极沏茶十八招”道茶茶艺和八卦抽签等表演助兴，令宾客仿佛徜徉于艺术和历史的长廊之中——“不似宴席，胜似宴席”，除此以外，快捷酒店还开发出了失传千年的“青城道茶”“鹤翔太极道家养生月饼”，打造了集道家武、医、食为一体的“鹤翔太极养生基地”，在这个养生基地中，经常举办一些道教养生活动，酒店专业员工会与来宾共同展开养生的探讨交流活动。

为了充分体现酒店的道教文化，酒店还精心设计了员工的服饰，将传统的道家文化服饰、中式服饰和星级饭店服饰融会贯通，成为展示鹤翔文化特色和员工形象风采的一道亮丽风景线。

《鹤翔山庄——追溯道家文化的主题酒店》（摘录）

五、后裔

老人村，在大面山之北，如秦人之桃园，昔人避难居其中，多享年寿，故名。潜夫张不群因入山采药，浃旬不返，见一叟，致敬而问之，曰：“吾族本丞相范贤之裔，范公知李雄之祚不永，挈吾辈居此，为终焉之计。”

（宋）祝穆：《方舆胜览》卷五十五，清文渊阁四库全书本。

谷口莺啼细竹，洞门犬吠桃花。
驻世何须丹灶，仙风吹长灵芽。

（明）郭庄咏“老人村”。

祝穆曰：青城山左连大面，右接鹤鸣。鹤鸣山见崇庆州，亦蜀之名山也……大面山在三溪之北。青城山前号青城，后曰大面，实一山耳。溪水黑，亦名黑水溪。

（明）顾祖禹：《读史方舆纪要》卷六十六。

《方舆胜览·永康军·山川类·老人村、獠泽》二条，其地以“獠”名，以自有故。志谓诸葛迁獠，为延熙十三年邓芝讨涪陵，“乃移其豪徐、蔺、谢、范五千家于蜀，遂世掌部曲”，盖涪陵民即獠人。及东晋，尚有后裔“千余家在（岷）江西，依青城山处士范贤自守。”李雄称王，“复其部曲”，故后世犹称本族为范贤之后。

范长生……年百三十余乃卒……大面山北之老人村，传亦其遗裔也。（见《晋书·载记》《旧唐书》《十六国春秋·蜀录》《方舆胜览》）

王文才：《青城山志》，四川人民出版社，1982年，第337、72页。

第三篇　著述、传说、纪念地

一、著　述

（一）范长生著述书目相关记载辑录

蜀才者，蜀人也，注《老子》。

《经典释文·序录》：“《老子》，蜀才注，二卷。”

《隋书·经籍志》：“梁有……《老子·道德经》二卷，蜀才注，亡。”《旧唐书·经籍志》《新唐书·艺文志》著录同。清丁国钧、文廷式、黄逢元补《晋书·艺文志》，吴士鉴补《晋书·经籍志》及姚振宗《隋书经籍志考证》，皆据旧志，著录同。严灵峰先生《周秦汉魏诸子知见书目》（卷一总页二四）：“《老子·道德经》二卷，范长生注。蜀涪陵丹兴人，字蜀才，一名延九，又名重九（敏案：疑当作九重），一字元寿。隐青城山，晋元帝大兴元年卒（公元？年至三一八年）。佚，见《隋志注》并《释文序录》著录。按：原题‘蜀才’，今改本名。”

程元敏：《蜀才及其易注》，《台湾大学中文学报》，1989年。

隋颜之推曰：“《易》，有蜀才注。”

《隋书·经籍志》：“蜀才注《周易》，十卷。”

嘉庆《四川通志》卷一百五十二，第38页。

魏征（580—643年）所修《隋书·经籍志》谓范长生曾注《周易》十卷、《老子》二卷。

李豫川：《从史籍诗文记载看青城山道教》，《中国道教》，2000年第4期。

晋代青城道士范长生写过《道德经注》《周易注》（见唐李鼎祚《周易集解》）。

《灌县志》卷二十二《宗教》，四川人民出版社，1991年，第696页。

《蜀才易注》、《道德经注》二卷，皆范长生撰。

彭洵：《灌记初稿》卷四《艺文记》，光绪二十年（1894年）年刻本。

彭洵《青城山志》说："迄晋以降，地因范贤而显。"可见为人民做过好事的人，将永远令人怀念，长生宫也因此盛名不衰。范长生在青城山庄园内写下了《道德经注》《周易注》等书。唐代李鼎祚《周易九家集解》中的《蜀才易注》即为范注的佚文。那充满精深道味的玄文，体现了范氏崇尚自然的追求。

王纯五：《西蜀古园长生宫》，《文史杂志》，1992年第6期。

（二）范长生《易注》节略

1. 光绪《黔江县志·人物志·晋范长生·志补》录

范贤生平行迹，前志据《通志》载记详明。酉阳举人冯世瀛为之记，予并为之传赞附后。兹录其《易注》节略并轶事。其《易注》全文详《艺文志》。《通志》朱彝尊《经义考》云：按《释文》引《蜀才注》："大车以载""大车"作"大舆"；"官有渝""官"作"馆"；"君子以明庶政""明"作"命"；"大耋""耋"作"咥"；"羸其角""羸"作"累"；"箕子之明夷""箕"作"其"；"二簋"作"二轨"；"惩忿窒欲""惩"作"橙"；"折子颀""颀"作"仇"；"苋陆夬夬[①]""陆"作"睦"；"西于金柅""柅"作"尼"；"孚乃利用禴""禴"作"跃"；"在天成象""成"作"盛"；"知崇礼卑""礼"作"体"；"研几"作"掔[②]几"；"参天两地而倚数""倚数"作"奇数"。

※ 注：

① 夬：音 guài，《易经》六十四卦中一卦名。

② 揅：音 yán，《书》同研。

2. 清光绪《黔江县志·艺文志》节录[①]

渊云长卿，益州巨笔，卓哉蜀才，易注畴匹。越在后世，亦有达人，勉庵[②]著作，文质彬彬，志艺文。

蜀才易注十卷《隋书·经籍志》

按：张氏惠言《易义别录》：蜀才者，《七录》云不详何人，《志》云是王弼后人。谢灵（应为“炅”）、夏侯该云是谯周。颜之推、陆德明以为范长生也。长生，涪陵丹兴人。《释文叙录》《隋》《唐》志皆云“蜀才易注十卷”。蜀才之易大约用虞、郑之义为多，卦变全取虞氏，其不同者：剥为师，夬为同人，此即蔡景君剥上九为谦之义。推其意，盖以剥为师，师为比，为乾之消息；夬为同人，同人为大有，为坤之消息。于虞氏旁通之义，则未概闻。然剥、夬下降，师同人上升，穷上反下，其叙尤有合者，非李挺之的复、姤[③]五变而生剥者，所可口实也。

坤厚载物。

坤以广厚之德，载含万物，无有穷竟也。

德合无疆。

天有无疆之德，而坤和之，故云“德合无疆”也。李鼎祚《周易集解》。

阴凝于阳必战。陆德明《经典释文》：蜀才用虞、荀。

需，有孚，光亨，贞吉。位乎天位，以正中也。

此本《大壮》卦。

案：六五降四，有孚，光亨，贞吉。九四升五，位乎天位，以正中也。《集解》。

讼，有孚窒惕，中吉，刚来而得中也。

此本《遁》卦。案：二进居三，三降居二，是刚来而得中也。《集解》。

师，刚中而应，行险而顺。

此本《剥》卦。案：上九降二，六二升上，是刚中而应，行险而顺也。《集解》。

比，原莁元永贞，无咎，以刚中也。

此本《师》卦。案：六五降二，九二升五，刚往得中，为比之主，故能原究莁道，以求长正而“无咎”矣。《集解》。

《彖》曰：泰，小往大来，吉、亨。

此本《坤》卦，小，谓阴也，大，谓阳也。天气下，地气上，阴阳交，万物通，故吉、亨。《集解》。

否，大往小来。

此本《乾》卦，大往，阳往而消。小来，阴来而息也。《集解》。

同人，柔，得位得中，而应乎乾，曰同人。

此本《夬》卦，九二升上，上六降二，则“柔得位得中，而应乎乾”。应乾，合二爻言之。下奉上之象。二为下，乾为上。义同于人，故曰同人。《集解》。

大有，大舆以载。《释文》。

谦《象》曰：“君子以裒多益寡。”《释文》：“裒”，蜀才作“捊”。捊，取也。

豫九四：“朋盍簪。”《释文》曰：“簪”，郑云速也。京作“撍”，蜀才本依“京”，义从郑，“撍”，速也。”

随，《彖》曰：随刚来而下，柔动而说。随，大亨贞，无咎。而天下随时。

随之时义大矣哉！

此本《否》卦，刚自上来居初，柔自初而升，上则内动而外说，是动而说随也。相随而大亨，无咎，得于时也。得时，则天下随之矣，故曰“随之时义大矣哉！”《集解》。

临，元亨利贞，至于八月，有凶。

此本《坤》卦，刚长而柔消，故“大亨利贞”也。案：临十二月卦也。自建丑之月，至建申之月，凡历八月，则成否也。否则天地不交，万物不通，是至于八月有凶，斯之谓也。《集解》。

《彖》曰：大观在上。

此本《乾》卦。案：柔小浸长，刚大在上，其德可观，故曰“大观在上”也。《集解》。

贲，柔来而文刚。《汉上丛说》引虞翻注：刚者，阳爻也；柔者，阴爻也。刚柔之爻，或谓之来，或谓之分，或位之上下，所谓唯变所适也。又言蔡景君、伏曼容、蜀才同。

无妄，《象》曰：无妄，刚自外来，而为主于内，动而健刚，中而应，大亨，以正天之命也。

此本《遁》卦。案：刚自上降，为主于初，故"动而健，刚中而应"也，于是乎邪妄之道消，大通以正矣。无妄，大亨，乃天道恒命也。《集解》。

大畜，其德刚上而尚贤。

此本《大壮》卦。

案：刚至初升，为主于外，刚阳居上，尊尚贤也。《集解》。

车说辐。《释文》。别本作"车说輹"。

离则大咥[4]之嗟。《释文》。

《象》曰：咸，感也，柔上而刚下，二气感应以相与。

此本《否》卦。案：六三升上，上九降三，是柔上而刚下，二气交感，以相与也。《集解》。

恒，刚上而柔下，雷风相与，巽而动。

此本《泰》卦。案：六四降初，初九升四，是刚上而柔下也。分乾与坤，雷也；分坤与乾，风也。是雷风相与，巽而动也。《集解》。

大壮，累其角。《释文》。

晋柔进而上行。

此本《观》卦。案：九五降四，六四进五，是柔而进上也行。《集解》。

《象》曰：明人地中，明夷。

此本《临》卦。案：夷，灭也。九二升三，六三降二，明人地中也。明人地中，则明灭也。《集解》。

其子之明夷。《释文》。

损二簋，可用亨。亨，许庚反。《释文》：二轨。

《象》曰：损，损下益上，其道上行。

此本《泰》卦。案：坤之上六，下处乾三。乾之九三，上升坤六，损下益上者也。阳德上行，故曰"其道上行"也。《集解》。

君子以澄忿窒欲。《释文》："惩"，蜀才本作"澄"。

《象》曰：损其疾，亦可喜也。四当承上，而有初应，必上之所疑矣。初，四之疾也。宜损去其初。使上遄喜。

《象》曰：益，损上益下。

此本《否》卦。案：乾之上九，下出坤初。坤之初六，上升乾四，损上益下者也。《集解》。

夬，九三，壮于仇。《释文》：壮于，蜀才本作壮于仇。

苋睦夬夬。《释文》：苋“睦”，蜀才作“睦睦”，亲也，通也。

姤系于金尼。《释文》：尼，止也。同上。

翠，君子以除戎器。除戎器，修行文德也。《释文》。

一握为笑。《释文》：郑云：握，当读为夫。三为屋之屋，蜀才同。

孚乃利用跃。《释文》：蜀才本禴作跃。

井累其瓶。《释文》。

旅柔得中乎，外而顺乎刚，止而丽乎明，是以小亨。旅贞吉也。蜀才曰：否三升五，柔得中于外，上顺于刚，九五降三，降不失正，止而丽乎明，所以小亨，旅贞吉也。《集解》。

《系辞》：鼓之以雷霆。蜀才云：霆，疑为“电”。《释文》。

易知则有亲，易从则有功。蜀才曰：以其易知，故物亲而附之；以其易从，故物法而有功也。《集解》。

辩吉凶者存乎辞。《释文》：虞翻曰：“辩”，别也。董、姚、蜀才同。

盛象之谓乾，效法之谓坤。《释文》。

知祟体卑。《释文》。

有功而不置。《释文》：郑、陆、蜀才作“置”，郑云：“置”当为“德”。

大衍之数五十。《释文》：王廙曰：“衍”，广也。蜀才同。

圣人之所以极深而掔几也。《释文》：“研”，蜀才本作“掔”。

圣人以此先心。《释文》：京、荀、董、虞、张、蜀才作“先”。

象也者，像也。《释文》。

参天两地而奇数。《释文》：“倚”，蜀才作“奇”，通。

按：《西志》冉崇文[⑤]说、朱彝尊《经义考》：“范长生，《周易注》十卷”，《隋志》作“蜀才”，《旧唐书》同。而原本久佚，盖晋自渡江后，北间传记皆名“伪书”，不贵省读，故不复见重。唐初，孔颖达等奉敕撰《十三经注疏》，于《周易》专取王辅嗣、韩康伯二家，凡汉世诸儒，若焦、若京、若郑、若荀、若虞悉扫而空。蜀才之书于是传者宜少，幸其佚文异字，犹间存于李鼎祚《周易集解》及陆德明《经典释文》。张氏《别录》亦即从二书录出者，虽不足以赅原书之美备，而吉光片羽，赖以分耀于金匮石室之藏，其搜罗之功，良不小矣。谨依《别录》，仍校之《集解》《释文》原书，汇为一帙，使后世穷经之士，知人果不朽自命，虽遐陬[6]僻壤，亦未尝不足炳焕千秋云。

※ 注：

① 光绪《黔江县志》卷五《艺文志·易注》。

② 勉庵：指汤学尹，字存鲁，康熙癸卯举人，祖籍浙江嘉兴秀水，其祖上于明末流寓黔江。家学渊源，淹贯经史，犹精易学。先后在广西临川、永安、全州、宣化等地为令，历四十年，为官廉明，宽猛适宜，兴利除弊，勤政为民，众交口称誉。时值吴三桂叛乱，遁迹山林，名其斋曰“勉庵”，时人呼为“勉庵先生”，尊称其与父琼、子忠恕为黔江“儒林三汤”。道光四年黔江知县黄初撰有《汤存鲁先生传》辑于《黔江县志》。

③ 姤：音 gòu，善，好，“其人夷姤”；音 dù，相遇，古同“妒”，嫉妒，忌恨；周易第四十四卦，姤（gòu）卦。

④ 咥：音 dié，咬；音 xī，讥笑，“咥咥然”，大笑的样子。

⑤ 冉崇文：1810—1867 年，字右之，酉阳甘溪人，优廪生，平生著述甚多，计有《增修酉阳直隶州总志》二十四卷（与冯世瀛合纂）、《二酉纪闻》十六卷、《访樵联吟》四卷、《小酉山房杂录》四十卷、《冉氏家谱》十二卷、《二酉山房诗钞》等。

⑥ 陬：音 zōu，角落；山脚。

二、传　说

（一）蜀中八仙

“八仙”是我国人民最喜欢的神仙群体，古来有多种“八仙”群体，人们悉知的“道教八仙”是指张果老、铁拐李、汉钟离、吕洞宾、韩湘子、何仙姑、蓝采和与曹国舅。这组八仙起自唐，发展于宋、元。元曲《八仙庆寿》中，虽列有八仙，但姓名尚未确定，到明朝中叶的元曲《八仙庆寿》，才把上述八人列入“道教八仙”之列，相对固定下来。在蜀中，也有“蜀中八仙”一说，据晋人谯秀《蜀记》称：蜀中有八仙，他们是容成公、李耳、董仲舒、张道陵、庄君平、李八百、范长生、尔朱荣，人称“蜀中八仙”，他们均在蜀得道成仙。宋代李昉等编著的《太平广记》记述：五代有一位著名的道士画家，名叫张素卿，他画了一幅《蜀八仙图》，即李己、容成公、董仲舒、张道陵、严君平、李八百、范长生、葛永贵，与上述八仙姓名大同小异。《益州名画录》载：张素卿绘画，“落锥之后，下笔如神，自始及终，更无改正……当代名流，皆推画手。”

张素卿，据《十国春秋》卷一一五《拾遗》记：“西蜀道士张素卿，神仙人也，曾于青城丈人观绘画五岳四渎真形，并十二溪女数堵，精彩欲活，实画中之奇绝也。蜀主（孟昶）累遣秘书少监黄筌，令取模样，及下山，终不类。因生日，或有收得素卿所画八仙真形八幅以献，孟昶叹赏久之，且曰：‘非神仙之人，无以写神仙之质也。’赐物甚，令伪学士欧阳炯次第赞之，又遣水部郎黄居宝八分题之，亦谓之二绝。”八仙者，李耳、容成、董仲君、张道陵、严君平、李八百、范长生、尔朱先生，为区别“八仙过海”的八仙，后人称此为“蜀中八仙”。

卿希泰：《道教在巴蜀初探（下）》，《社会科学研究》，2004年第6期。

《蜀地记》载：蜀有八仙，一容成，及鬼容区，隐鸿蒙（今青城山）；一李耳，生于蜀（今青羊宫）；一董仲舒，青城隐士，非奏对三策之董仲舒；一张道陵，（今大邑鹤鸣观）；一严君平，卜肆在成都；一李八伯，在新都龙门洞；一范长生，在青城；一尔朱先生，在雅州。

（清）蒋超：《峨眉山志》卷十八，清康熙刻本。

（二）蜀中五隐

谯秀《蜀记》中还记有“蜀中五隐”，他们是薛昌、范长生、勾符台、张愈、杨慎。

今按：无论是传说中的“蜀中八仙”，还是“蜀中五隐”，范长生都名列其中。他们岩居穴处，清心寡欲，从事道教修炼，延年益寿，似同神仙，是人们心目中崇拜的得道偶像。

（三）白乌赤足来翔

《蜀李雄书》曰：武皇帝（李）雄，泰成三年，白乌赤足来翔，帝（李雄）以问范贤，（范）贤曰：乌有反哺之义，必有远人怀惠而来。果，关中流民请降。

（唐）欧阳询：《艺文类聚》卷九十二《鸟部下》，清文渊阁四库全书本。

《全史宫词》之一①

史梦兰

远人来共白头乌，
四境賨民贡赋输。
宫里不忘旧风俗，
氍毹②席上巴渝舞。

※ 注：

① 选自（清）史梦兰：《全史宫词》，清咸丰六年刻本。

此首宫词简释：《十六国春秋·蜀录》载，宴平三年（308 年），有白乌赤足来翔，（李）雄以问范长生，（范）长生曰："乌有反哺之义，必有远人怀惠而来。"果，关中流民相继请降。又巴人呼赋为賨，因谓之賨賨民，关中（賨人）又善歌舞，汉高祖时爱其舞，诏乐府习之，今称"巴渝舞"是也。

② 氍毹，音 qú shū，毛织的地毯，旧时演戏多用来铺在地上，因此过去常用"氍毹"或"红氍毹"代表舞台。

（四）石笋记

杜光庭《石笋记》云：成都子城西曰兴义门，金容坊有通衢，几百五十步有石二株，挺然耸峤，高丈余，围八九尺者，旧传云其名有六：曰石笋、曰蜀妃阙、曰沈犀石、曰鱼凫仙坛、曰西海之眼、曰五丁石门，皆非也，《图经》云：石笋街，乃前秦寺之遗址，殿宇楼台，咸以金宝饰之，为一代之胜概，后遭兵火而废。或遇夏秋霖雨，里人犹拾珠玉遗物。前蜀丞相诸葛亮命掘之，俯观方验，测隐其象，有篆字曰：蚕丛起国誓蜀之碑，以二石柱横埋连接，铁贯其中，历代故不可毁，后镌五字：浊、歜、烛、触、蠲，时人莫能晓察，惟孔明默悟斯旨，令左右瘗之。后蜀主李雄召丞相范贤，诘其所自，掘而详之。贤议曰：然厥字五，其理各有所主。亥子岁，浊字可记，主其水灾；寅卯岁，歜字可记，主其饥馑；已午岁，烛字可记，主其火灾；辰戊丑未岁，触字可记，主其兵革；申酉岁，蠲字可记，主稼穑，盖民物富赡。悉后以年事推之，应验符响。

（北宋）吕大防：《分门集注杜工部诗》卷十三《石笋行》之集注，四部丛刊景宋刊本。又见（南宋）郭知达：《九家集注杜诗》卷七《古诗》《石笋行》之集注，清文渊阁四库全书本，内容略有出入。

（五）范长生轶事[①]

又《通志·纪闻》：成都西金容坊有石二株，旧曰石笋，前秦遗址。诸葛孔明掘之，有篆字曰："蚕丛起国之碑"，以二石横埋，中连以铁，一南一北，无所偏倚。有五字：浊、歜[②]、烛、触、蠲[③]，时人莫晓。后长生议曰："亥子岁，浊字可记，主水灾；寅卯岁，歜字可记，主饥馑；已午岁，烛字可记，主火灾；辰戊丑未岁，触字可记，主兵灾；申酉岁，蠲字可记，主丰稔。"后以年事推之，悉皆符验。查《方舆纪要》云："范寂，字无为，刘先主时人，栖止青城山，以修炼为事。先主征之，不起就，封逍遥公。得长生久视之道，蜀人仙之，称曰'长生'。"说与《华阳国志》不同，名字亦异。然常道将[④]亦李蜀时人，闻见当必较确。

※ 注：

① 光绪《黔江县志》卷四《人物·名贤·晋范长生》，第 30—33 页。

② 歜，音 chù，盛怒；气盛。

③ 蠲，音 juān：① 免除；蠲除。② 积存。

④ 常道将：即晋人常璩（291—361 年），字道将，蜀郡江原县（今四川省崇州市）人，《华阳国志》编著者。《仁寿县志》云：晋惠帝永康年间，“常璩因当时年幼家贫，未能远徙，随家附青城山范长生以自存。”李雄立国后，为成汉史官，掌著作，官至散骑常侍。东晋永和三年（347 年），桓温伐蜀，璩与中书监王嘏等劝李势降晋。入晋后，因受歧视，不复汲汲仕进，乃怀愤裒削旧作，为《华阳国志》。

又传记载，武侯掘地得蚕丛碑五字，人莫能辩，公独识而解之，（其）所言，后一一验，可不谓神乎？

《灌县志》卷二十七《金石录·修复长生宫碑记》，第 881—882 页。

三、纪念地

（一）青城山长生宫

宋代祝穆《方舆胜览》云：范长生在青城山从事道教修炼，欲为神仙，得长生久视之术，“先主刘备征之，不起，就封为逍遥公。”“刘禅易其宅为长生观。”《仙传》说：“蜀才年百岁余，人奉为仙，称曰长生。”《资治通鉴》云：“长生博学多能，年近百岁，蜀人奉之如神。”尊崇为“长生大帝”，在青城山为他建长生宫，为范氏专祠、长生纪念之地，宋代诗人陆游曾到此游览，赋诗云：“碧天万里月正中，清夜珥节长生宫。”

长生宫，在青城山麓，建于晋，称碧落观，清康熙时重建。现存的长生、灵官二殿，清咸丰九年（1859 年）建。长生殿 7 间，长 26.22 米，进深 5 间，12 米，木结构，单檐歇山式屋顶，穿斗梁架，建筑面积 796 平方米，占地约 8000 平方米。

《灌县志》卷二十一《文物古迹》，四川人民出版社，1991 年，第 679 页。

长生宫，青城山青景村，晋建，祀范长生，旧名碧落观。

《灌县志》卷二十二《宗教》，第693页。

附：修复长生宫碑记[①]

青城山下长生宫，范贤隐居之所也。考志乘，公名寂，字无为，蜀汉封逍遥公，李氏尊为范贤，封西山候，加太师丞相。至，欲以为主，并不受，其胸中蕴蓄何似！即无长生久视之术，亦足风高百代，矧[②]凿越恒人数倍耶！且因公盛德咸孚，保障青城士民无算，可不谓仁乎？又传记载，武侯掘地得蚕丛碑五字，人莫能辩，公独识而解之，所言后一一验，可不谓神乎？仁且神，庙食兹土宜矣。顾自宋姚平仲请列祀典，建长生宫以来，代有兴废。明季献贼之乱，旧址仅存。国朝雍乾间，有邹道士复昌，与其徒邹本参、张本珍辟草莱居之，次第复兴。至道光二十九年，有武博士侨此，火其弓不谨，遂遭回禄，庙全毁。时住持道士戴元宗、杨元茂愤志修复。因庙产之旧，铢积寸累，鸠工庀[③]材，不假仳于外人，不乞援于当路，自咸丰九年始，历十一岁而庙貌俱复。前祀逍遥公，庙所由起也。其地即公隐居之赤城阁，蜀后主易为碧落观之故址也。次祀南岳，次祀斗姥，不悉所谓，因俗也。背山面野，茂林修竹，蔚乎隐隐。之青城者首途涉此，靡不流连叹赏，焉知道士修复之工不易。其不乞助当世，自竭其力，以全昔贤之名迹，尤为方外之罕覯[④]。岁三月，予游青城，往返住宿于此，从道士请，为文记之。抑予观季鼎祐所集《九家易解》中有《蜀才易注》，多主卦变之说。考蜀才即范贤，蜀中志乘不载，儒者罕悉其名，而道士家犹能尊之，吾徒之能游青城山者得从而拜之，然则兹庙之修植培护，其可以乎哉！

大清光绪六年岁月日辰，俱疁庚辰之次，楚蕲黄云鹄敬记。

按：碑在长生宫龛侧。高1.9米，广90厘米，文15行，字数不等，文、款均草书。

① 《灌县志》卷二十七《金石录》，第881—882页。

② 矧：音shěn，况且。

③ 庀：音pi，① 具备；② 治理。

④ 覯：音gòu，遇见。

在青城之麓者长生宫，汉之碧落观也，宋名长生观，一名范贤观，《云谷杂抄》又谓范仙观。

《续刊青城山记》卷上《宫观记》。

《名胜记》:“《外史》云：唐明皇登青城，于长生观驻辇。故《志》谓长生观是玄宗别殿，虽就倾圮，遗砌俨然。”

王文才:《青城山志》，四川人民出版社，1982年。

（二）范贤馆

蜀人奉范长生为神明，故李雄还在灌县离堆为他建了“范贤馆”，即今伏龙观旧址。

清乾隆《灌县志》云:“湔（jiān）氏村在治北，李雄筑范贤馆在焉。”

东晋南朝时期，人们还特地在今灌县修建了“范贤馆”（即今离堆公园之“伏龙观”）内塑范长生塑像，以供崇拜。直到今天，青城山门联仍称:“汉标李意，晋著范贤”。由此可见范长生在川西道教徒中的影响之深远。

段玉明:《范长生与巴氏据蜀关系再探》,《云南教育学院学报》（对外汉语教学与研究版），1989年第3期。

（三）青城山建福宫

建福宫又名“会庆建福宫”、丈人祠、丈人观，有“道教开宗圣地，青城第一宫观”之誉。坐落于丈人峰下，丈人峰因宁封而得名。据《列仙传》《青城甲记》等记载，宁封是黄帝时人，世传为制陶官员，得异人传授，积火自烧，能履蹈烈焰，随烟上下，又能驾御风云。宁封助黄帝学会“龙跷飞行”之术，打败了蚩尤，统一华夏，被黄帝封为统领五岳的“五岳丈人”。宋时加封丈人峰丈人观“九天丈人储福定命真君”，宁封便是“第五大洞宝仙九室之天”的青城山主治神仙。建福宫是宁真君的道场，现存三殿三院，占地 1196 平方米。门额“建福宫”为“国民政府主席”林森在 1940 年所题。前殿为长生殿，供晋代高道范长生（编者注：据实地考察和有关记载，建福宫现有大殿三重，前两重系近年来青城山道教协会筹集资金新建的重檐楼殿，前殿（原长生殿）已改为供奉道教护法尊神王灵官（灵祖）及财神，内侧供奉慈航真人），正殿是宁封和杜光庭，后殿三尊为：中为太上老君，道教主；左为全真道派第一主师东华帝君东卫公；右为全真派创立者王重阳。内柱上，清李善济题 394 字长联为青城一绝。南宋诗人陆游《题建福宫》诗曰：“黄金篆书榜金门，求道巨竹屯苍云。岩岭划若天地分，千柱眈眈在其垠。”

屐痕印苔：《青城山楹联》

（四）青城山长生殿

长生殿与药王殿、财神殿合称三真殿，位于慈云阁左侧，如今坐上青城山索道游览车即到。殿内供奉长生大帝范长生、药王孙思邈、财神赵公明。中、英、日文简介说：“长生真人姓范名长生，是晋代天师道首领，修道于青城山长生宫，成汉成都王尊为‘天地太师’，封为西山侯；药王孙思邈真人是唐朝名医，注重医德和‘治未病’，并将道教炼养术贯通于医学，真人曾修道于青城山，后世尊为药王；赵元帅讳公明，为玉帝四大元帅之一，并管天下钱财交易，故尊奉为财神。”范长生牌位上书“四时八节长生大帝”。长生殿殿前题有青城山名联：“东晋尚空（编者注：应为“清”）谈，功德在民惟隐士；西川曾保障，英雄退步即神仙。”

（五）黔江范公祠

范公祠在范长生故里古丹兴县即今重庆市黔江区，位于城东街道南海城居委解放路与长征路交汇处。据清光绪《黔江县志》记载：“范公祠在县西沙子坝。光绪十九年（1894 年）知县张九章集资创修，前后共六间，后殿供范贤神位，前殿权作接官厅。地道当孔，堂皇可观。”

（六）范公祠

范公祠位于联合镇西门居委（今黔江区城东街道南海城居委）南海鑫城东侧解放路与长征路交汇处。原祠坐北向南，面向三台山，东北为一片良田，南临黔江河，距张公万柳堤仅50余米，东侧一小溪潺潺流过，小石拱桥边一座石牌坊巍然屹立。田畴碧野，小桥流水，绿柳长堤，石碑牌坊，将范公祠点缀得古朴淡雅，肃穆庄严，宛如一尊小巧别致的山水盆景。

范公祠为全木结构，单檐悬山式屋顶，青瓦覆盖的四合院，石质素面台基高20厘米，前殿及正殿系抬梁式梁架，4穿4柱，面阔3间12米，3间径深5.5米，通高7.2米，厢房一间面阔7.4米，径深3.8米，另有一天井，后花园，总占地面积386.44平方米，建筑面积222平方米，系一玲珑精致的中国传统式祠堂。清光绪《黔江县志》评价该祠：“地通孔道，堂皇可观。”

范公祠系光绪年间黔江知县张九章为纪念晋代丹兴（今黔江）邑人天师道首领、大成国丞相、四时八节天地太师、西山侯范长生（？—318年），于光绪十九年（1894年）集资修建的范氏专祠。正殿中央设香案，神龛上供范长生木雕塑像一尊，前殿权作接官殿，涉水梁檩上朱书“大清光绪十九年知县张九章集资创建”，字迹清晰可见。

又据《咸丰县志》民国三年（1914年）载：“今民国成立，黔邑官绅以义兵所至，功德在民，为三烈士（指黔江庚戌起义领袖中国同盟会员温朝钟、王克明、黄玉山）设主，合祀于范公祠。”温朝钟的牌位上写道：“武昌开国公第一元勋铁面诸侯温公静澄之香位。”

民国三十四年（1945年）底，川黔湘鄂边区绥靖公署（辖四川酉阳，贵州铜仁，湖南芷江、沅陵、永顺，湖北恩施等六个专区，陆军上将、第28集团军总司令、五十六军军长潘文华任主任）驻节黔江，称“黔江绥署”，历时一年半，该“绥署”政治部设立于范公祠。

1950年后，范公祠先被黔江县农场占用，之后或作油榨房，或作弹花铺，或作铁业社职工宿舍。虽用途多变，但梁架结构未变。为纪念本邑历史名人，教育启迪后人，黔江土家族苗族自治县人民政府于1987年7月6日将其列为县级文物保护单位，并于1988年10月29日树立保护标志。1991年，县政府决定扩建解放路西段，因该祠位于十字路之中心地位，故决定将范公祠拆掉并择地重建，但至今尚未恢复重建。

（七）范长生石雕像

1999年7月，为丰富黔江万米河滨公园人文内涵，黔江开发区党工委、管委会决定塑立区内黔江、酉阳、秀山、彭水、石柱五个少数民族自治县古今主、客籍著名历史人物雕像，供世人瞻仰学习，责成黔江自治县实施。编者受托负责遴选和撰稿，供四川美术学院雕塑系教授按稿创意塑像。我从五县众多的历史人物中，筛选了八位著名的历史人物，他们是：秦代著名女实业家巴妇清（渝东南人）；晋代大成国丞相、天地太师、西山侯范长生（黔江人）；唐代黔府都督、工部尚书、汧国公赵国珍（古牂牁郡人）；明代石柱宣抚使、都督佥事、总兵官、一品夫人、忠贞侯、巾帼英雄秦良玉（忠州人）；清代湖南提督、参赞大臣、果勇侯杨芳（秀山人）；清代进士、济南知府、土家族著名诗人陈景星（黔江人）；近代老一辈无产阶级革命家、工人运动著名领袖赵世炎（酉阳人）；近代湘鄂西革命武装和根据地创建人之一、红三军政委万涛（黔江人）。经核准实施，范长生雕像原塑于河滨公园黔州大桥头。

黔江范长生塑像

（八）黔江长生桥

黔江长生桥，距黔江范公祠旧址约 100 米，横跨黔江河南北，处于“武陵水岸 · 长生苑”的要津地段，是一座具有土家族特色的仿古风雨廊桥，于 2014 年—2015 年投巨资建成。桥长 140 米，宽 25 米，高约 30 米。桥上为仿木质结构，每排 4 根巨型圆柱穿枋成排，共 25 排，穿枋将各排串连成一体，形成长廊式。底起第三层为人行走廊，除可供人步行往来外，桥廊两侧设有美人靠式的长凳，供人们休闲小憩或娱乐。廊桥两端横眉上，镶嵌黑底泥金行草“长生桥”三字匾额，突出主题。桥顶两端和中部有三座桥楼，为三亭四角歇山式五重檐楼阁，翼角翚飞，走栏周匝，腾空而起，轻盈纤巧，亭亭玉立，配以现代虹霓灯光，浮光掠影，既婀娜多姿，又蔚然壮观，为黔江武陵水岸（原万米河滨公园）上的一个亮点。

长生桥横亘于七个巨大的钢筋混凝结构的桥墩之上，桥墩之间有六孔闸门，电力驱动，开关自如，关闸蓄水，开闸排洪，确保库区蓄水之需和桥梁安全，又称“黔江闸桥”。

长生桥东南侧是钢筋混凝结构的公路交通桥，为黔江城区南北交通枢纽。四车道上车水马龙，人行道上行人熙熙攘攘，昼夜不息。

纵观全境，黔江长生桥、闸桥、公路桥是一组互为表里、相辅相成、有机结合的建筑群体，融公路交通、防洪蓄水、城市旅游、休闲观光、社会交际、健身养生、遮风避雨等多功能于一体，蕴含了历史与现实、传统与现代、动态与静态、工作与休憩、锻炼与养生等丰富文化内涵，既是黔江建筑史上古为今用、古今结合的典范，又是纪念历史文化名人范长生的创意杰作。

（九）武陵水岸 · 长生苑

黔江武陵水岸 · 长生苑，因有长生桥与闸桥形成湖库应运而生，是黔江城内一颗耀眼的明珠，堪称黔江城区的肺叶。她位于两岔河附近水域，东起长生桥，西至西沙桥，北自盛黔桥，南抵万柳苑的库区，一泓湖水及周边景观尽览其中，构成了一幅自然景观与人文景观交融的小巧精美的山水盆景，为纪念邑人范长生而名“长生苑”。四周是“夹岸晓烟杨柳绿，满园春色杏花红”的武陵水岸（原河滨公园），长生桥、新华桥、双龙桥、盛黔桥、西沙桥连贯册山河、大木溪、黔江河，使她四通八达。长堤滨水处科学利用现代建筑质材，为人们搭建了宽敞的亲水、观景和垂钓的理想平台，也是休闲健身的平坦步道。碧波荡漾的湖心，设有一座规模可观的音乐喷泉，在堤、园、道的适当位置，配以霓虹灯光，将景、色、声、光、影熔于一炉。

“而或长烟一空，皓月千里”，长生苑华灯齐放，五彩缤纷，“浮光耀金，静影沉碧”。长生桥、民族文化宫、体育馆、工行大厦、金冠酒店等环湖建筑，借助轮廓灯光勾勒，点缀在茫茫的夜幕之上，与湖中倒影交相辉映，宛如天上宫阙。宛转悠扬的音乐声起，音乐喷泉应声喷射，直贯苍穹，共舞婵娟，媲美星月，通过电子激光彩灯照射和五光十色、变幻无穷的灯光烘托，喷雾若隐若现，若即若离，亦真亦幻，神秘缥缈，强烈的景、色、声、光、影效果，令人感觉恍入仙境。当年范长生隐居青城山，岩居穴处，求道养志，追求长生不老，驾鹤飞升成仙的想象意境，今天在故里黔江得到了诠释，找到了真实写照和归宿。

（十）重庆历史名人馆

重庆是国务院公布的历史文化名城，壮丽的巴山蜀水在三千多年的历史长河中，养育了无数历史名人。重庆历史名人馆与重庆文化艺术展示中心是展示重庆历史及重庆历史名人的综合性艺术场馆，地处朝天门广场负一楼，占地面积 3757 平方米，2007 年 6 月落成开馆。展馆由“序”“名人星空”等五大部分组成，陈列了经市民和有关单位反复遴选的上自先秦，下自当今对重庆、对中国乃至全世界的社会发展、文明进步具有突出贡献的重庆主、客籍名人 200 名，通过雕塑、油画、版画、多媒体影视等多种艺术表现手法，生动形象地展示了他们的生平事迹、精神风貌以及重庆三千多年的、历史变迁。黔江藉名人范长生、温朝钟、万涛、程昌祺、程绍迥也列展其中。

范长生的塑像栩栩如生，孔武有力。简介说："范长生（218—318年）本籍，今重庆黔江人，大成丞相。早年居青城山，为天师道领袖。李雄起义，入成都称帝，任其为丞相，尊为天地太师，道家崇祀为长生大帝。"

（四）至（十）皆录自《黄宗福文稿》，未刊稿。

（十一）彭水长生观、长生村、长生镇

中华人民共和国成立前，彭水迁乔乡有长生观，就是为了纪念他（编者注：大成丞相范长生）而修建的。

彭水苗族土家族自治县成立庆祝筹备委员会编：《彭水》，1984年。

迁乔乡："迁乔乡辖长生、明星……9个村""长生村境内有建于清康熙年间的长生观，传为纪念成汉政权宰相范长生所建"。

《彭水县志》，四川人民出版社，1998年，第114页。

长生观在迁乔乡水田坝，清康熙（1662—1722年）初年，是为纪念成汉丞相范长生而建的道家寺院，坐东向西，呈撮箕口格局，占地750平方米，建筑面积588平方米，木结构瓦房，悬山式顶。现为小学校舍。

《彭水县志》，第687页。

长生镇。2011年11月28日，根据市政府批复的彭水部分乡镇行政区划调整方案，将迁乔乡改为长生镇。以推动区域经济发展，提升城市管理水平。

今按：《华阳国志》载：汉武帝建元元年（公元前140年）置涪陵县（治今彭水郁山镇），今黔江区地属涪陵。东汉建安六年（201年）分涪陵县置巴东属国，辖4县：涪陵县（治今彭水汉葭镇）、汉葭县（治今彭水郁山镇）、丹兴县（治今黔江舟白街道县坝村）、永宁县（治今贵州思南县北），属国都尉驻涪陵县。蜀汉章武元年（221年）改巴东

属国为涪陵属国，丹兴县隶之。延熙十三年（250 年），又改涪陵属国为涪陵郡，辖六县：涪陵、汉葭、汉复、丹兴、汉平、万宁。西晋时期，仍置涪陵郡，领涪陵、汉复、汉平、丹兴、万宁 5 县。晋武帝泰始元年至太康元年（265—280 年），涪陵郡治和丹兴县治均设于今黔江县之县坝乡（今黔江区舟白街道县坝村）。因丹兴县曾属涪陵属国涪陵郡管辖，所以《华阳国志》等史籍均称“范长生，涪陵丹兴人也”。彭水人亦将范长生作为涪陵郡本籍人士，如同重庆历史名人馆将范长生作为重庆本籍人士一样，修长生观、设长生村、长生镇为其纪念之所。然范长生的籍贯——涪陵郡丹兴县（今重庆市黔江区）是国内外史学界 1700 多年来一致公认的史实，这一点是毋庸置疑和更改的，故重庆历史名人馆简介直书“范长生（218—318 年），本籍，今重庆黔江人”。

（十二）鹤翔山庄碑记

何开四

青城山阿，有庄翼然，曰鹤翔。庄以鹤名，非附庸风雅以炫巨，乃实至而名归。每岁春夏，此处千鹤云集，或翱翔于云表，或栖息于桢楠，或漫舞于庭院，或觅食于翠湖，鸣声悠扬，蔚为壮观。夫鹤者，祥瑞长寿富贵之物也，其态优美，其性高雅，非真气不聚，非嘉木不止，非鲜美不食，非醴泉不饮。故尔鹤栖处亦必造化钟？神秀之地也。

往事越千载，鹤语记春秋。汉晋年间，道教一代宗师逍遥公范长生即于此结庐，据石为家，流泉绕榻，号长生宫。及至蜀成汉政权初立，以厥功至伟，欲拥立为帝。然范公抱朴守素，清静无为，视南面之尊为俗务。四时八节，友闲云，侣仙鹤，养性修真，遗世而独立，寿延一百三十岁，乃驾鹤而西归，盖范长生亦鹤长生也。有唐一代，紫气东来，玄宗避安史之乱，遍访蜀中名山而驻辇于斯，观鹤舞之蹁跹，“众变繁姿，参差存密，烟交雾凝”，若曰“广寒忽坠人间世”，曰“修竹筛风暑自消”，“风动瑶花月满坛”，曰“神仙好处总逍遥”。佳词丽句，脍炙人口，亦当时之传神写照。

斗转星移，岁月沧桑，惜乎后世长生宫几经废圮，终毁于野火。所幸天地灵气所钟，鹤常飞，山常青，树常绿，江山依旧。盛世和平，爰有鹤翔山庄新建，总揽古今风流。得范公结庐之神韵，有玄宗别殿之遗风。尤重生态及文化建设，环境之优，冠绝西蜀。清池碧水，倒映蓝天丽日，庭院楼阁，隐于古木扶疏。复有书画根艺，百花争艳、赏心悦目。于此休闲，与鹤共舞，其乐无穷；于此创作，明月清风，文思泉涌；于此练功，仙人吸气，周天顿通。青城天下幽，鹤翔天下奇。何期欲界有净土，滚滚红尘见天都，盖鹤翔庄亦神仙庄也。

戊寅秋何开四撰于蜀都

作者简介：何开四，男，1945 年生，四川泸州人，笔名夏文、晓西，中共党员，1968、1982 年先后毕业于北京大学图书馆学系，厦门大学中文系。西南交通大学兼职教授，中国作家协会会员，文艺评论家、作家，享受国务院政府特殊津贴专家，四川省作家协会名誉副主席，四川省文艺评论家协会主席，鲁迅文学奖、茅盾文学奖、全国少数民族文学创作“骏马奖”评委，全美中国作家联谊会顾问。曾任《当代文坛》主编、四川省作家协会副主席等职。何开四与魏明伦、苍山牧云 3 人被《中华辞赋》杂志合称为“辞赋三大家”。曾获第八届四川巴蜀文艺奖文艺评论类终身成就奖。本文发表于 2007 年 12 月 10 日。

第四篇　诗联

青城山，世界文化遗产，全国重点文物保护单位，国家重点风景名胜区，国家5A级旅游景区，为中国四大道教名山之一，道教历史悠久，道观林立，享誉古今中外，善男信女踵至，文人墨客相寻，诗词楹联颇丰，不乏传世佳作，成为珍贵的道教历史文化遗产。本书选择了其中与范长生父子相关的诗联，并作必要的注释，以供研究参考。

一、诗词

游长生宫[1]

（唐）张　继[2]

巍然庙祝枕平川，千载高风仰范贤。
此日衡茅[2]无隐逸，当时蒲壁[3]聘林泉[4]。
村围绿树松杉暗，山隐青城保障全。
一样功成名未朽，扁舟不泛五湖烟。

※　注：

①《灌志文征》卷十一《七言律诗上》。

② 张继：约715—779年，字懿孙，汉族，襄州（今湖北襄阳）人。唐代诗人，其生平不详。据文献记载，仅知他是天宝十二年（公元753年）的进士。大历中，以检校祠部员外郎为洪州（今江西南昌市）盐铁判官。他的作品爽朗激越，不事雕琢，比兴幽深，事理双切，对后世颇有影响。只可惜流传下来的不到50首，最著名的是《枫桥夜泊》。

③ 衡茅：衡门茅屋，简陋的居室。晋陶潜《辛丑岁七月赴假还江陵夜行涂口》诗："养真衡茅下，庶以善自名。"宋吴处厚《青箱杂记》："衡茅改色，猿鸟交惊，夫何至陋之穷居，获此不朽之奇事。"

④ 蒲璧：玉璧是六器之一，是古人祭祀活动中的一种礼器。按类型划分，玉璧可分为拱璧、系璧两类。拱璧为持握、供奉的礼器，包括大璧、谷璧、蒲璧。大璧为天子礼天之用，诸侯献天子也要用大璧。谷璧璧面满雕纵横排列有序的饱满谷纹，寄托风调雨顺、五谷丰收的愿望。蒲璧璧面蒲纹为瑞草，象征草木繁茂，欣欣向荣。拱璧的形制、色泽与纹饰都与敬天的礼仪有一定关系。系璧形制较小，一般直径为10厘米以内，用于配饰，系于腰部。

⑤ 林泉：指隐居之地。唐骆宾王《上兖州张司马启》："虽则放旷林泉，颇得闲居之趣。"《旧唐书·隐逸传·崔觐》："为儒不乐仕进，以耕稼为业……夫妇林泉相对，以啸咏自娱。"《儿女英雄传》第二十三回："我自今以后，纵然终老林泉，便算荣逾台阁。"

题青城山范贤观[①]

（五代）唐　求[②]

数里缘山不厌难，为寻真诀问黄冠[③]。
苔铺翠点仙桥滑，松织香梢古道寒。
昼傍绿畦薅嫩玉，夜开红灶炼金丹。
钟声已断泉声在，风动茅花月满坛。

※ 注：

① 曹寅：《全唐诗》卷七百二十四，清文渊阁四库全书本。又见陈应行：《吟窗杂录》卷四十七，明嘉靖二十七年崇文书堂刻本。

② 唐求：生卒年不详，故里为今四川省崇州市街子镇，五代后蜀曾设永康县，为县治所在地。唐求是唐末五代诗人，隐居街子古镇味江河畔（岷江支流），一说曾为青城令，王建统蜀时召为参谋，不就。《全唐诗》录唐求诗一卷。街子镇街头立有石牌坊一座，镌刻"唐求故里"四字，宏伟壮观。味江河畔辟有唐求广

唐求问道长生宫
（摄于崇州市街子古镇）

场，建有唐公祠，立唐求塑像以为纪念。

③ 黄冠：道士之冠，亦指道士，这里借指晋代高道范长生。宋陆游《书喜》诗："挂冠更作黄冠计，多事常嫌贺季真。"清纪昀《阅微草堂笔记·滦阳消夏录四》："黄冠缁徒，恣为妖妄，不力攻之，不贻患于世道乎？"林学衡《东樊山》诗："便着黄冠思入道，可容白袷坐论文。"

长生观[①]

（宋）李 焘[②]

成家得将军，如越大夫蠡。
功成拂衣去，智囊未叩底。[③]

※ 注：

①《灌志文征》卷十一《七言律诗上》。

② 李焘：1115—1184 年，字仁甫，一字子真，号巽岩，眉州丹棱县（今四川省眉山市丹棱县）人，赐进士及第，南宋史学家。唐朝宗室曹王李明之后，累官礼部侍郎，进敷文阁学士兼侍读，同修国史，一生著作颇丰，有《巽岩文集》《四朝通史》《春秋学》等五十多种，今存《续资治通鉴长编》五百二十卷、《六朝制敌得失通鉴博议》十卷、《说文解字五音韵谱》十卷，清代皆编入《四库全书》。李焘卒于宋孝宗淳熙十一年，赠太师、温国公。

③ 该诗借史喻今，言大成主李雄得运筹帷幄、决胜千里的儒将范贤，好比春秋吴越相争时越王勾践得名士范蠡，如鱼得水、如虎添翼。李焘以范蠡比范贤，不单是认为范蠡是顺阳范氏之先祖，同为范姓，而且还认为两者有相同的阅历、思想、情操以及经国理身的道家宗旨和急流勇退、见好就收的胆略、勇气。诗句虽短，但比喻贴切，言简意赅，思想深邃，发人深省，同时，也表达了作者对范贤的高度评价。

长生宫观月[①]

（宋）陆游[②]

碧天万里月正中，清夜珥[③]节长生宫。
广寒忽坠人间世，但怪步虚声[④]散瑶台空。
四山沉沉万籁寂，夭矫鬐龙舞娱客。

弭[5]貂老仙期不来，独依栏干吹玉笛。
道人不怕九宵寒，银阙冰壶处处看。
天台四万八千丈，明年照我扶藜杖。

※ 注：

①《灌志文征》卷十一《七言律诗上》。

② 陆游：1125—1210 年，字务观，号放翁，越州（今浙江绍兴）人，赐进士出身，南宋著名爱国诗人、词人，钱钟书评价他是中国文学史上的顶级诗人，也是创作量最高（诗作 9362 首）的诗人。他中年入蜀，投身军旅生活，宦游蜀汉，深系巴蜀情结。晚年退居家中，其收复中原的信念始终不渝。诗作抒发其政治抱负，反映人民疾苦，风格雄浑豪放。词作水平亦高，杨慎谓其词纤丽处似秦观，雄慨处似苏轼。著有《剑南诗稿》《渭南文集》《南唐书》《老学庵笔记》。此诗存《剑南诗稿》。

陆游塑像（摄于崇州市街子古镇）

③ 珥：音ěr，用珠子或玉石做的耳环。

④ 步虚声：是道士在醮坛上讽诵辞章采用的曲调行腔，传说其旋律宛如众仙缥缈，步行虚空，故得名“步虚声”。步虚词大都寄托了作者对神仙世界的向往或对修道生活的追求，反映了作者对现实世界的不满。但大多并未进入后世的道教仪式并为道士在步虚中所吟唱。

⑤ 弭：音 mǐ，（1）姓；（2）平息、消灭。

过丈人观道院[1]

（宋）陆游

断云浮月磬声残，木影如龙布石盘。
偶驾青鸾尘世窄，闲吹玉笛洞天寒。
奇香满院晨炊药，异气穿崖夜浴丹。
却笑飞仙未忘俗，金貂犹着侍中冠。

陆游自注："孙太古画范长生，做举手整貂蝉像，神气右奇逸。"

① 陆游：《剑南诗稿》卷六《题丈人观道院壁》，清文渊阁《四库全书》本。又见《灌志文征》卷十一《七言律诗上》。

小憩长生观饭已遂行[①]

（宋）陆游

清绝长生观，再游疑后身。
人间空石劫，物外自壶春。
道士青精饭，先生乌角巾。
回头增怅望，倦马扑征程。

※ 注：

①陆游：《剑南诗稿》卷八，清文渊阁《四库全书》本。

长生观拜谒碧落侍中观巨楠[①]

（宋）程公许[②]

功行三千未易圆，活人阴协最为先。
一瓢酒酿春江绿，百丈楠藏洞府天。
道骨想从玄祖受，高风应许裔孙传。
珥貂碧落犹官府，何似鞭鸾陪散仙。

※ 注：

① 据《灌县志》载："长生宫，在青城山青景村，晋建，祀范长生，旧名碧落观。"为道教首领、大成丞相、天地太师范长生的私家园林，古称"范氏庄园"，是西蜀最古老的私家园林，有近1800年的历史。园中上百颗古木桢楠林荫蔽野，每逢春秋两季，数千只白鹤从南方飞回，栖息、繁衍于山庄桢楠、银杏、仙人松等参天大树之上，构成一幅鹤戏苍楠的壮丽画卷，结下了鹤舞仙山的不解之缘，诗中"百丈楠藏洞府天"就是对此生动写照。巨楠苍苍、白鹤翩翩的盈盈仙气，烘托出道家驾鸾仙游、逍遥自在的想象意境，令人神往、陶醉。如今，在长生宫旧址上改造、修葺的鹤翔山庄，更加引人入胜。

② 程公许：1182—1251年，字季与，一字希颖，号沧州，宋叙州（今

四川宜宾）宣化人，嘉定进士，历官著作郎、起居郎，后迁中书舍人，进礼部侍郎，屡遭排挤，官终权刑部尚书。有文才，诗作803首，今存《沧州尘缶编》。

长生观①

（明）杨慎②

天谷②隐者范长生，风御泠然独整缨。
避世已高巢父③节，让王还被务光④名。
黄金炉鼎留千载，白玉楼台上五城。
古观荒基谁过问，带萝披荔重含情。

※ 注：

①《灌志文征》卷十一《七言律诗上》。

② 杨慎：1488—1559 年，字用修，号升庵、博南山人、金马碧鸡老兵等，四川新都人，明代三才子（解缙、杨慎、徐渭）之首。正德六年（1511 年）状元及第，官翰林院修撰，参与编修《武宗实录》，追谥文宪，故称杨文宪。明代记诵之博，著述之富，推杨慎为第一。他擅长文、词、散曲及论古考证之作，范围颇广，著作达四百余种，后集为《升庵集》。

③ 天谷：青城山又名天谷山。清彭洵《青城山记》云："按《升庵集》青城山一名天谷山。"乃道教四大名山之一。

④ 巢父：唐尧时的道家隐士，是阳城（今山西洪洞县）大贤。被视为道家前贤。因筑巢而居被人称为"巢父"。尧欲以天下让之于巢父，不受，隐居聊城（今属山东省）。聊城古有巢陵，为巢父葬处，在今聊城市东昌。据载，尧在考察继位人时，听说巢父、许由是大贤者，便前去拜访。初见巢父，巢父不受；继访许由，许由也不接受禅让，且遁耕于洪洞的九箕山中。尧执意让位，紧追不舍，再次寻见许由时，恳求许由做九州长。许由觉得王位固且不受，岂有再当九州长之理，顿感蒙受大辱，遂奔至溪边，清洗听脏了的耳朵。《史记》描述了许由洗耳的情景："时有巢父牵犊欲饮之，见许由洗耳，问其故。对曰：'尧欲召我为九州长，恶闻其声，是故洗耳。'巢父曰：'子若处高岸深谷，人道不通，谁能见子？子故浮游，盛欲求其名，污吾犊口。'牵犊上流饮之。"许由自视高洁，然巢父更胜一筹：你不接受王位，隐遁起来不吭声则罢了，还大谈洗耳原由，是另一种沽名钓誉。我下游饮牛，你上游洗耳，岂不有意脏我的牛口？由此，历来有"许由浮瓢，巢父洗耳""饮犊上流"的成语，谓蔑视爵禄名位，风操高洁。

有诗曰："巢父无家累，缘枝自筑巢。临流方洗耳，闻响已捐瓢。举世皆宵小，丈夫属尔曹。山中得逸意，暮暮与朝朝。"

⑤ 务光：古代隐士。据《庄子·让王》记载：（商）汤伐（夏）桀前，曾请务光出谋划策，但务光认为这不是他应该做的事，拒绝参与。汤又请他推荐其他人，他也拒绝回答。汤建立商朝后，想让位给务光。务光认为："非其义者，不受其禄；天道之士，不践其土。"不但推辞不受，并且因此觉得羞耻，于是负石而沉于庐水。杨慎诗中引用古代两个"让王位"的经典故事，以巢父、务光作比喻，高度赞扬范长生拒绝李雄让王位的壮举，褒扬他具有巢父、务光的高尚纯洁的美德和节操。

青城五隐①赞②

（明）杨慎

范公英英，炎汉挺生。
韬华金德，潜光玉恒。
让王媲美，洗耳偕清。
渐逵鸿羽，孚阴鹤鸣。

※ 注：

① 青城五隐：谯秀《蜀记》中记有"蜀中五隐"，他们是薛昌、范长生、勾符台、张愈、杨慎。

② 王文才：《青城山志》，四川人民出版社，1982 年版。

题五老图遥寿张禺山八十①

（明）杨 慎

遐筭②谁论魏罗结③，着书君似范长生。
九齿天锡言非梦，五老星飞兆久成。
玄韵松风时静听，仙醽④花露日频频。
永昌不数睢阳杜，一鹤南飞寄此情。

※ 注：

①《题画诗》卷六十二《仙佛类》，清文渊阁四库全书本。

张禺山，即张含，字愈光，号禺山，别署丰谷、月坞、禺同山人。江宁（今江苏南京）籍，永昌卫（今云南保山）人，与杨慎自小友善。著名诗人，著有《禺山诗选》《禺山七言律钞》《张含集》《张愈光诗文选》等。

② 遐筭：高龄，高寿。

③ 魏罗结：元魏罗结一百七岁，总三十六曹事，精爽不衰，至一百二十岁乃死。

④ 醽：音 líng，仙醽指醽醁（lù），用湖南衡阳县东酃湖湖水所酿制的酒常称作醽醁，后泛指美酒。晋《潘尼·皇太子集》应令诗："羽觞飞醽醁，芳馔备奇珍。"或作"酃渌""醽渌"。

谒长生观①

（明）范涞②

长拂红尘笑此生，偶缘仙迹访蓬瀛。
云迷绛节山花丽，藓蚀丹炉野鸟鸣。
让王只余《高士传》③，谈经空忆步虚都。
徘徊故址频搔首，万叠岚光过客情。

※ 注：

① 孙天宁：《灌县志》卷十一《艺文志·诗》，乾隆五十一年（1786年）刻本。

② 范涞：1538—1614 年，字原易，号晞阳，徽州休宁林塘人，万历二年进士，历官南昌知府、兵备副使、浙江按察司副使、四川布政司参政、浙江右布政使兼提刑按察司事等职。明代嘉靖、万历时期徽州著名学者、新安理学家，著作颇丰，有《休宁理学先贤传》《咙言》十卷、《晞阳文集》《两浙海防类考续编》《朱子语录纂》等，并主纂具有很高价值的《休宁范氏族谱》。

③《高士传》：西晋皇甫谧所撰，称所记系三代到三国时期的岩穴之士、遁世之民、高让之士。

伏龙观谒长生祠①

（清）李调元②

楼阁参差压碧峰，弭貂道士尚遗容。

任君万石施成李，不及千秋制毒龙[③]。

※ 注：

①《灌志文征》卷十一《七言律诗上》。

② 李调元：1734 年—1803 年，字羹堂、赞庵、鹤州、号雨村、童山蠢翁。绵州（今四川绵阳市）安县宝林镇大沙村人。乾隆二十八年（1763）进士，由吏部文选司主事迁考功司员外郎，办事刚正，人称“铁员外”。历任翰林编修、广东学政。清代著名文学家、戏曲理论家、诗人。代表作品有《万善堂诗》《童山全集》《童山诗集》40 卷。

③ 制毒龙：出自王维《过积香寺》，诗的最后两句是：“薄暮空潭曲，安禅制毒龙。”其中“毒龙”指人的欲念。诗的表意是：薄薄的暮色笼罩在空空的潭水面上，佛祖已经把毒龙收服了。实际上就是强调修身养性，控制欲念。佛教里有一个故事：一条毒龙盘踞在一个深潭里，时常兴风作浪，危害人类。一个得道高僧路过此地，经过一番斗法，终于制服了毒龙，人们从此过上了正常的生活。作者引用这个典故旨在议论纵然范贤以万石粮秣支持李氏力挽颓局并夺得天下，但没有根除李氏子孙的私心欲念，他们为争夺皇位而同室操戈，骨肉相残，最终亡国灭种。

长生宫[①]

（清）李惺[②]

银引琳宫隔石桥，数声清磬远相招。
圆荷贴水池新涨，修竹筛风暑暗消。
尘市劳人均褦襶[③]，神仙好处总逍遥。
看棋尚有机心在，未若同倾酒一瓢。

※ 注：

① 王文才：《青城山志》，四川人民出版社，1982 年。

② 李惺：1787—1864 年，字伯子，号西沤，四川垫江（今重庆市垫江县）人。清嘉庆二十二年（1817 年）进士，官至翰林院检讨，迁国子监，后主锦江书院讲席二十年，门人不可数计。李惺嗜古力学，在文学、哲学、书法等方面造诣宏深，其书法苍古有味，晚年著《冰言》《药言》《西沤全集》《可加诗稿》等。享年 78 岁。

③ 褦襶：音 nài dài，意思是衣服粗重宽大，既不合身，也不合时，比喻不晓事、不懂事。

夜宿长生宫[①]

（清）黄云鹄[②]

初地鸿蒙启，容城迹首标。
漫劳轩帝问，谁见岳灵朝。
好景逢三月，仙居傍九霄。
飞身殊不必，碧落太迢遥。

自长生宫之香积寺

（清）黄云鹄

揖别逍遥公，言寻孤鹤顶。
洞仄径弯环，谷幽峰秀挺。
佛刹隐修篁，僧雏献新茗。
坐取洞箫吹，唤教孤鹤醒。

※ 注：

① 此与下首诗皆选自王文才：《青城山志》，四川人民出版社，1982年版。

② 黄云鹄：1819—1898年，黄侃之父，字芸谷、翔云、缃芸，湖北蕲春县青石镇大樟树村人，北宋黄庭坚十七代世孙，咸丰三年癸丑科（1853年）进士，官至四川盐茶道，时任下川南永宁泸州分巡道按察使，晚清著名学者，一生著述甚丰，有多部著作传世。他主张“王子犯法与民同罪”，为官清廉正直，执法严谨，不畏强暴，被世人誉为“黄青天”。因不愿与当时官场同流合污，得罪了权势，最后辞官返籍，回湖北潜心经学、书法，为两湖、江汉、经心三个书院院长，是晚清重臣张之洞的密友。有《归田诗抄》《学易浅说》《清画家诗史》《益州书画录续篇》等，编纂《粥谱》流传甚广。黄云鹄擅长诗文创作，特别是散文效法唐宋，深得“八大家”为文要领，《雅州重建武侯祠记》等诸多佳作脍炙人口。黄云鹄博学多才，集诗、书、画为一体，亦善弹琴，为晚清著名经学家、散文家、书画家、琴师。他的书法近先祖黄庭坚，楷、篆、隶、行俱佳，特精于小字，题写的崖刻碑记苍劲雄健，笔势磅礴庄重，在蜀中留下不少墨迹，青城山《修复长生宫碑记》即为黄云鹄题记，为其代表作之一。

《全史宫词》之一①

清　史梦兰

梦里双虹肇帝基，尊贤礼重约章时。
素舆未到銮舆出，执版街前迓太师②。

※ 注：

① 选自史梦兰：《全史宫词》卷十，清咸丰六年刻本。

②《华阳国志·李雄传》载："初，特妻罗氏（妊雄），梦双虹自门升天，一虹中断。罗曰：'吾二儿若有先亡者，在者必大贵。'"李荡竟前死。又载，李雄于永兴元年（304年）称成都王，改元建兴，除晋法，约法七章。迎范贤为丞相，范长生自西山乘素舆到成都，李雄率百官迎之于门，执版延坐，尊之曰范贤，加四时八节天地太师，封西山侯，复其部曲，军征不预，租税皆入贤家。迓：音yà，迎接。

西山白雪歌①

（清）汪仲洋②

五岳丈人真巀嶪③，俯视峨眉作婢妾。
飘然是似范长生，逍遥鹤背掀髯立。

※ 注：

① 汪仲洋：《心知堂诗稿》卷一《髫吟集》，清道光七年刻本。

② 汪仲洋：1759—？，字少海，号海门，成都人，嘉庆六年举人，官桐庐、钱塘知县，著有《心知堂诗稿》。

③ 巀嶪：音jié yè，高峻、巍峨的意思。

长生宫怀范贤①

（清）宋育仁②

万木阴阴夏气凉，范贤与世久相忘。
建标霞起旌飞阁，度壑钟声礼上方。
天际真人参位业，山中宰相又祠堂。
不知有魏无论晋，自写玄文应帝王。

※ 注：

①《灌志文征》卷十一《七言律诗上》。又见王文才：《青城山志》，四川人民出版社，1982年。

②宋育仁：1857—1931年，字芸子，晚年号道复，四川富顺人，中国早期资产阶级改良主义思想家，被誉为四川历史上“睁眼看世界”第一人，重庆维新运动倡导者。光绪十二年（1886年）进士，授翰林院庶吉士，后改任检讨。1894年任出使英法意比四国公使参赞，着意考察西方社会、经济、政治制度，积极策划维新大计，提倡民主共和。回国后，参加维新组织“强学会”，主讲“中国自强之学”。1896年到重庆主持四川商务矿务，设立商务局，兴办洋烛、煤油、煤矿、玻璃、白蜡、卷烟、药材等公司，为四川绅商领袖。1897年创办了重庆历史上第一家爱国杂志《渝报》，也是中国资产阶级最早创办的白话报纸之一，树起了维新宣传的旗帜，兴起了四川、重庆近代史上第一次思想解放的潮流。著有《时务论》《采风记》等著作。其墓在成都市锦江区幸福梅林，有故居东山草堂。

谒长生观用杨用修韵①

卫道凝

清风高节范长生，白伐衣冠仰步瀛。
为访仙人披鹤氅，终辞霸主配鸾鸣。
黄冠讵捷终南径，白纻应渐处士声。
堪笑陶朱犹累俗，五湖烟景不胜情。

※ 注：

①《灌志文征》卷十一《七言律诗上》。

谒范长生祠①

黄俞

荒城落落傍青城，古木森阴感慨萦。
岂为逃名贪药石，却因避世懒逢迎。
衰烟茂草狐狸卧，落日空山杜宇鸣。
丹炉只今何处有，可知无术觅长生。

※ 注：

①《灌县志》卷十一《艺文志·诗》，乾隆五十一年（1786年）刻本。

忆范长生[①]

刘永芳

巀嶪[②]青城万象开，大山环抱小山来。
汉唐胜迹资游览，范宁高风许溯洄。
上界谁凭芰草莽，青斑引我到蓬莱。
此行领袖群仙去，不入丹香誓不回。

※ 注：

①《灌志文征》卷十一《七言律诗上》。

长生宫遗址[①]

醉老翁

古道观长生宫遗址在青城山进口处，依山而建，山花含笑，青嶂迎人，登临入谷，幽鸟时鸣。宫为范长生修炼遗址。范长生，十六国时涪陵丹兴（今重庆黔江）人，居于青城山，以修炼为事。长生宫供奉晋代高道范长生，原是其家族庄园及修道之所。范长生是当时天师道的领袖，他博学多艺，精通天文术数，著有《道德经注》《周易注》，被后汉政权封为四时八节天地太师、山中宰相、西山侯，享寿130余岁。

范公修炼逍遥楼，林峦苍翠晚云收。
径僻可知人不到，山空唯听鸟相求。
身是三界云外侣，心无一点世间忧。
宫前草木春常在，通仙何计不夜愁。

天府社区·醉老翁日记·青城山游记（11）《长生宫遗址》

二、名联

题长生宫（一）

佚名

东晋尚清谈，功德在民惟隐士；

西川曾保障，英雄退步即神仙。

题长生宫（二）

佚名

能教李特倾心，保障资安全蜀；
直接宁封高蹈，功成选入名山。

题长生宫（三）

佚名

开国搜蜀才①，蒙昭烈帝②临存，英雄名士各千古；
栖真③得元寿④，锡逍遥公爵号，富贵神仙有几人？

※ 注：

① 蜀才：范长生别号蜀才。《颜氏家训·书证篇》引《李蜀书》云："蜀才是范长生，蜀才取名之义，当即'法无极才'。"

② 昭烈帝：蜀汉昭烈帝，即刘备（161—223年），字玄德，涿郡涿州（今河北涿州）人，是三国时期蜀汉开国皇帝，著名政治家，谥号昭烈帝，庙号烈祖，史称先主。

③ 栖真：道家谓存养真性，返其本元为栖真。《晋书·葛洪传论》："游德栖真，超然事外。"南朝梁陶弘景《真诰运象二》："宗道者，贵无邪、栖真。"

④ 元寿：范长生字元寿。光绪《黔江县志》说："范贤，名长生，一名延九，又名九重，又名支，字元，又字元寿，别号蜀才，邑名丹兴时人也，属涪陵郡，其先世无可考。"

⑤ 锡：通赐。《颜氏家训·书证篇》引《李蜀书》云："范长生，刘先主时，栖止青城山，征之不起，就封逍遥公。刘禅易其宅为长生宫。"

题青城山

佚名

餐赤城①霞，偕范宁②齐登大隐；
享黄石③寿，共松鹤永葆遐年。

※ 注：

① 赤城：青城山别名。《玉匮金》载："青城山……一名赤城山。"

② 范宁：范，指著名道教首领范长生；宁，即宁封子，又称龙跷真人，曾授轩辕黄帝"龙跷经"，战败蚩尤，被封为"五岳丈人"。

③ 黄石：黄石公，又称黄石老人。传说张良刺秦王，不中，逃亡下邳（今江苏睢宁北），遇黄石老人于圯上，授以《太公兵法》。本联作者游览青城山，浮想联翩，期望同范贤、宁封一样，做有益于世的大隐，并齐松鹤永享黄石之寿。

题青城山前山天师洞三清大殿楹联

程昌祺①题，王伯乔②书

一生二，二生三，三生万物；
地法天，天法道，道法自然。

今按：道教尊老子为教主，以老子《道德经》为基本经典。该联作者程昌祺从《道德经》中摘集文句，精辟简练地介绍了道家的宇宙观、人生观和深刻微妙的哲理，暗含道家"一气化三清"的精髓，字面浅白易记而蕴含深意，发人深思。且音韵平仄合律，书法亦为上乘之作，故该联被列为《青城山楹联集》之首，华夏十大名联之一，广为传诵。

※ 注：

① 程昌祺：1881—1941 年，字芝轩，四川省黔江县青岗乡湘水村（今重庆市黔江区城南街道香水居委）人，中国同盟会会员，历任四川军政府总务处参事、军镇抚府教育分司司长、四川省教育总务科科长、省公署教育科第一科长、四川巡按使公署教育科科长（厅级），华西协和大学总务主任、中文系主任兼图书馆中文部主任等职。晚年剃度出家，为成都近慈寺高僧，号释能观法师。著有《黄石公素书解》《国粹文选》《阴符解经》《静观斋日记》等。其中《阴符解经》疑为道家经论。

② 王伯乔：1871—1944 年，字贞杰，清末民初著名书法家，四川威远县人，程昌祺挚友。

【附】读联随笔

语出《老子》联非杜撰

谢礼然[①]

旅游胜地青城山素有“青城天下幽”之誉，也是一处道教名山，被列为十大洞天的第五洞天。传说中的黄帝以及东汉的张道陵、五代十国的陈希夷、杜光庭、谭峭等道教人物都曾在这里活动。我们所说的“杜撰”一词也与这里有着密切的关系。

传说杜光庭擅著述，但多出于主观臆造。据说，在一次佛道斗法中分别把《金刚经》等佛经和他所撰的书以及被称为太上老君的李耳《老子》等投于火中，结果，只有《金刚经》等佛经和《老子》完好无损，而杜光庭撰写的书都被烧掉了。后来，人们就把“杜撰”一词用来指主观臆造的观点和说法等。

青城山天师洞的这副集《老子》联：“一生二，二生三，三生万物；地法天，天法道，道法自然。”从作者看，不是杜光庭所“杜撰”。该联作者为程昌棋，字芝轩，重庆市黔江县人。光绪二十八年（1902 年），清廷颁布《钦定学堂章程》宣布：“废科举，行新学”，程昌棋是首批被选中赴日本弘文师范学校的留学人员，曾任四川省督学、前西华大学文学系主任等。

从内容上看，上联全句出自《老子》第四十二章：“道生一，一生二，二生三，三生万物。”是道家的宇宙生成论；下联全句出自《老子》第二十五章：“人法地，地法天，天法道，道法自然。”是道家的修炼法则。截取这两句经文集成一联，既是源出有本，也充满了浓厚的道家意味，用于道教名山是再贴切、合适不过了。

从艺术手法上看，此联更非“杜撰”。这是一副集句联，历来集句由于声律的限制，用诗易，用词难，用文犹难。此联集句全出《老子》五千言中，声韵合律，平仄谐和（上联：仄平仄，仄平平，平平仄仄；下联：仄仄平，平仄仄，仄仄平平），并且自然构成了连环顶真格，不得不令人称道。

※ 注：

① 谢礼然，1963 年 3 月出生，广东省揭阳市人。1987 年 7 月汕头大学中文系汉语言文学专业毕业。现为中国楹联学会会员、汕头书法家协会理事，从业新闻。能诗、词、对联、书、画、篆刻。

青城山赤城阁楹联

赤城阁位于青城山门户，阁畔古木参天，林中重檐叠阁，首先映入眼帘的是古代著名的长生宫赤城阁，此乃道教首领范长生隐居之地，门前有楹联两副：

翠壁连云蒸澍雨；赤城带日起祥烟。

——刘昌荣集句题，王维西书

喜旷襟怀，三十六峰如翠浪；

抱探幽意，百零八景人丹梯。

——让泉撰，正辉书

青城山建福宫后殿长联①

（清）李善济

溯禹迹奠岷阜以还，南接衡湘，北连秦陇，西通藏卫，东峙夔巫。葱葱郁郁，纵横八百里舆图。试蹑屐登上清绝顶，看雪岭光腾，红吞沧海；锦江春涨，绿到瀛州；历井扪参，须曳踏蜗牛两角。争奈路隔蚕丛，何处寻仙帑库？丈人峰直墙堵耳！回思峨眉秋月，玉垒浮云，剑门细雨。尚依稀襟袖间。况乃夜朝群岳，圣灯先列宿柴天；泉喷六时，灵夜疑真君唾地。读书台犹存芳躅，飞赴寺安敢跳梁！且逍遥踄檐卜岗，渡芙蓉岛，都雾出庐山面目，难遽追攀，楼欢互玲珑。今幸青崖径达，问当初华渚姚墟，铜铸明皇应宛在？

自轩坛②拜宁封而后，汉标李意，晋著范贤，唐隐薛昌，宋征张愈。烈烈轰轰，上下四千年文物。漫借瓻③考前代遗徽，记官临内品，墨敕亲颁；曲和甘州，霓裳同咏；鸾章翠辇，不过留鸿爪一痕。可怜林深杜宇，几番唤望帝归魂。高士传④岂欺予哉！莫道赵昱斩蛟，佐卿化鹤，平仲驰螺，悉飘缈若遐荒事。闻之花蕊宫词⑤，巾帼共谯岩竞秀；貂蝉画像，侍中与太古齐名。携孤琴御史曾游，吹长笛放翁再往。休提说王柯丹鼎，谭峭艰鞋，那堪他沫水洪波，无端淘尽。英雄多寄寓，我亦碧落暂栖，待异日龙吟虎啸，铁船贾郁[⑥]定重来。

※ 注：

① 此文为建福宫后殿内柱上的 394 字长联，为宣统二年（公元 1910 年）任灌县视学的四川通江县才子李善济所撰并题，被赞为“青城一绝”，亦被称为国内第三长联。

上联以青城山为中心，“纵横八百里舆图”，概括记述了青城山三十六峰和一百零八景的盛况，描绘出青城天下幽的特色。联中引用了唐、宋著名诗人李白、杜甫、陆游吟诵四川胜景名句，如“峨眉秋月”“玉垒浮云”“剑门细雨”等，把青城山描绘得更加雄奇幽邃，引人入胜。

下联以“上下四千年”句统摄道教四大名山历史轶事、神话传说，穿插二三十位与青城山有关的历史人物和典故，抒发遐思怀古的深情。其中有“晋著范贤”“貂蝉画像，侍中与太古齐名”等记述范长生典故。全联对仗工整，声韵铿锵，遣词严谨，纵横古今，气势宏大，情景交融，议论精辟，寓意深远，为青城一绝，被列入中国十大名长联之中。

② 轩坛：《上清宫记》：“昔，宁封先生栖于北岩山上，黄帝师焉。乃筑台拜宁君为‘五岳丈人’。”《录异记》：“宗玄观南二里，对观有峭壁，高五百余尺，崖上授道坛。昔宁真君与轩辕帝传‘龙跷经’地。”

③ 瓻：音 chī，陶制的酒壶。

④ 花蕊宫词：花蕊夫人是五代前蜀主王建妃，姓徐，称小徐妃，又号花蕊夫人，生后主王衍，随王衍归唐，中途被杀。所作宫词近百首，写前蜀宣华宫游乐之事，世称《花蕊夫人宫词》或《花蕊宫词》。

⑤ 高士传：西晋皇甫谧撰《高士传》，称所记系三代到三国时期的岩穴之士、遁世之民、高让之士。

⑥ 贾郁：五代时为闽王王审知的著名廉臣。

【附】长联读解

青城山李善济长联注解（节选）[①]

郭祝崧[②]

自轩坛拜宁封而后，汉标李意，晋着范贤，唐隐薛昌，宋征张愈。

烈烈轰轰，上下四千年文物。

〔笺注〕

轩坛：《录异记》："宗玄观南二里，对观有峭壁，高五百余尺。崖上授道坛，昔宁真君与轩辕帝传道之所。"《上清宫记》："昔宁封先生栖于北岩之上，黄帝师焉，乃筑坛拜宁君为五岳丈人。"

宁封：《列仙传》说："宁封子者，黄帝时人也，世传为黄帝陶正。有人过之，为其掌火，能出五色烟，久则以教封子。封子积火自烧，而随烟气上下。视其灰烬，犹有其骨。时人共葬于宁北山中，故谓之宁封子焉。"(《搜神记》同。)《吴船录》引《储福定命真君传记》："姓宁，名封，与黄帝同时，帝从之，问龙硚飞行之道。"（道家飞行之术，有龙硚、虎硚、鹿硚三法，各有经书，见《抱朴子》《云笈七谶》等书；皮日休《太湖晓次神景宫》："存心服燕胎，叩齿读龙硚。"）《拾遗记》："仙人宁封食飞鱼而死，二百年更生。故宁先生游沙海七言颂云：'青集灼烁千载舒，百龄暂死饵飞鱼。'"（《道藏·历世真仙体道通鉴·三》有《宁封子详传》。）

李意：郝经《续后汉书·技术列传》："李意其，蜀人也，世传见之汉文帝时。昭烈欲伐吴，遣人迎意其，到，敬礼之。问以吉凶，意其不答，而求纸笔画作兵马器仗十数纸。已，便一一以手裂坏之。又画作一大人，掘地埋之，便径去。昭烈怒，遂行，为吴所败。还，忿耻发病崩。乃知意其画作兵仗而坏之，即兵败也；大人而埋之，即照烈崩意也。"《太平广记》等书或作李意期，综录如次："居成都城角土洞中，乞食济贫，以甲马助人日行千里。避世人隐入青城山，再北去琅琊山，不知所终。"

范贤：《晋书·李特李流载记》："李流收遗众，自称大将军、大都督、益州牧。时，涪陵人范长生率千余家依青城山。罗尚参军徐与求为汶川太守，欲要长生等与尚犄角讨流。尚不许，舆怨之，求使江南，遂降于流。与说长生等资给流军粮，长生从之，故流军复振。雄以西山范长生岩居穴处，求道养志，欲立为君而臣之。长生固辞。雄王成都，范长生自西山乘素舆诣成都，雄迎之于门，执版延坐，拜丞相，尊曰：范贤。长生劝雄称尊号，雄于是即帝位。加范长生为天地太师，封西山侯；复其部曲，不预军征，租税一入其家。"《华阳国志·大同志·李特雄期寿势志》所记略简，但说李雄"称成都王，迎范贤为丞相。贤既至，尊为四时八节天地太师”，并说“贤名长生，一名延久，又名九重，一曰支（又作文），字符，涪陵丹兴人也”。（丹兴，今黔江县）《晋书·周抚传》：“贤为李雄国师，以左道惑百姓，人多事之。”《资治通鉴》卷九十：“范长生博学多艺能，年近百岁，蜀人奉之如神。”流传著作有《易经注》。（关于范长生的神奇传说，东晋以后颇多。）

※ 注：

①《成都师专学报》，1995年第1期。

② 郭祝崧，四川师范大学文学院教授。

青城山李善济长联译文[①]

张绍诚[②]

自大禹导江治水奠定岷山的规模以来，川西平原真是个富饶美丽的地方。在南方远接衡山湘水、北面遥连陕甘高原、西边通向康藏边陲、东端达于群山耸峙的夔门巫峡的八百里天府之国中，一片葱葱郁郁，青城沃野多么幽美壮观！我穿上游山鞋，试着攀登到上清宫后面的顶峰，居高环视，万象森列。看呀！雪山映着太阳，满天红霞胜过广阔的沧海；锦江春水翻波，把平原的翠绿带到瀛洲。这里山势高峻，仿佛伸手可以摸着天上的井星、参宿。时光不久，却像踏遍了寓言中的两个国家——《庄子》中蜗牛左右两角的触、蛮。怎奈何这蚕丛称王之地毕竟道路艰难，哪里去寻找神仙贮藏嘉禾的宝库啊？只有丈人峰迎面壁立而已。回想起我游踪所到的地方，那峨眉山的秋月，玉垒关的浮云，剑门岭的细雨，好像都还在我襟袖之间萦绕。而今到这幽美的青城山来，风光更是别具一格，它的幽静远非一般名山可比，更何况还有“神灯”点点，好似群山百灵来朝，它与道院燔柴祭天的火光，先后出现，明灭相映。“六时泉”四季不涸，我疑心那是仙人宁封真君所吐出的灵液。唐代杜光庭的读书台，遗迹尚存。青城山是道教圣地，飞赴寺的和尚怎敢在此跋扈嚣张！我还是逍遥自在地前进罢。登上薝蔔岗，渡过芙蓉岛，我看清了它们的“庐山真面目”，但一下子却难于游遍。山上道院处处，玲珑的楼阁交互隐现，如今我有幸能踏着青山翠崖，亲历观览，自然引动我的思古之情。试问，当年少昊和虞舜降生地的华渚、姚墟，而今在哪里？铜铸的唐明皇的像，应该宛然尚在罢。

自从黄帝轩辕氏在青城设坛，拜赠宁封为五岳丈人以后，历代都有高贤在此留下遗迹。汉朝有李意，书传标名；晋代范长生，当世称贤；唐代的薛昌，在大面山隐居修道；宋代的张愈，辞官隐居白云溪，书传可查。在轰轰烈烈的历史演变之中，青城山留下了从古至今四千年的文物古迹。凭借古书记载，我随便考察了一下前代有关青城的文物、轶事，唐碑刻着唐玄宗的亲笔诏书，上面记载着由内品官毛怀景专程从京师到青城，敕令飞赴寺把侵占的常道观归还给道家。前蜀王衍，与太后太妃游青城，宫人衣服皆画为云霞，远望之飘然如仙人。王衍自依《甘州曲》填为歌词，令宫人和而歌之，这使人想起唐明皇召乐工演奏《霓裳羽衣曲》，那情景十分相似。封建帝王乘着绘有鸾鸟花纹、上张翠盖的御车驾临青城，只不过是雪地上留下的一点鸿爪之痕，转眼就消失了。可怜啊，那树荫深处，杜鹃声声，不断呼唤着望帝的名字，招他魂归故里。晋人皇甫谧写的《高士传》，记述了许多奇人异事，难道都是欺人之谈吗？别说隋朝嘉州太守赵昱，深入犍为潭中斩蛟，为民除害以后就归隐青城大面山；唐代青城道士徐佐卿化为白鹤，飞到长安沙苑，虽身中御箭仍安然返回山中；宋代西陲大将姚平仲，亡命遁逃，骑骡奔隐青城，与世隔绝五十年，结交仙家道侣，往来于名山。这些故事都显得虚无缥缈，好像远古的事一般了。再有，后蜀的徐氏花蕊夫人，出生于青城，作有宫词百首，这表明妇女的英才，可以和纪念宋代谯定幽居大面山而命名的谯岩互相媲美；在丈人观道院壁上，有宋代画家孙太古绘的“范长生举手整貂蝉像”，那用貂尾蝉纹做装饰的帽子，戴在侍中范长生的头上，神气奇异飘逸，使得孙太古与范长生同样扬名。宋代殿中侍御史赵抃，任成都知府时，曾经到青城游览并留诗：“背琴肩酒上青城，云为开收月为明”；宋代蜀州通判陆游，也曾几次来青城游住，并吟有“再到蓬莱路欲平，却吹长笛过青城”的诗句。唐代蜀人王柯，隐居青城翠围山，得道飞升，炼丹之鼎犹存；五代道教学者谭峭，居南岳炼丹修道，丹成，抛靸鞋于东海，入青城仙去。以上那些帝王将相、高人隐士、画师才女、仙客羽流，都经受不住沫水的滔滔洪波，无端地全被淘洗得干干净净。英雄生在世间，也多数像是旅店过客，匆匆即逝。我虽不才，也是暂时栖身天地之间，等将来我能龙吟虎啸、叱咤风云之际，重访旧踪，像五代时仙游主簿贾郁那样，再到青城来游览访胜。

※ 注：

① 张绍诚：《巴蜀趣联解读：第一长联传四海》，

② 张绍诚：又名张少成、胜成，四川省文史研究馆馆员、中南大学楹联研究所特约研究员、中国楹联学会顾问，《文史杂志》编委、《对联学刊》编委、《天府联苑》副主编；编有《对联选》《名联鉴赏词典》《成都名胜楹联》等书，创作的对联和论文载于省内外及中国台湾、中国澳门、渥太华报刊和联书。

洞天第五群仙窟；太极①合三②依妙门③。

——颜楷题青城山前山天师洞三清大殿

※ 注：

① 太极：中国道教术语，意为派生万物的本源。《易·系辞》："易有太极，是生两仪，两仪生四象，四象生八卦。"

② 合三：《老子》提出了"道生一，一生二，二生三，三生万物"的观点。

③ 妙门：《老子》云："玄之又玄，众妙之门。"

开物神圣初，九室①赤城②黄帝篆③；
无名天地始④，三清⑤金阙⑥玉皇⑦师。

——颜楷题青城山前山天师洞三清大殿

※ 注：

① 九室："第五大洞室仙九室"的省称。

② 赤城：青城山的别称。

③ 黄帝篆：指的是轩辕黄帝敕封宁封子为"五岳丈人"事。

④ 无名天地始：《老子》："天下万物生于有，有生于无。"

⑤ 三清：指道教尊奉的神灵，即玉清元始天尊、上清灵宝天尊、太清太上老君。

⑥ 金阙：道家谓天上有金阙、白玉京，为天帝所居。

⑦ 玉皇：道教中地位最高的神灵，即昊天金阙至尊玉皇上帝，简称玉帝或玉皇大帝，相传他总管三界（上、中、下）、十方（四方、四维、

上下）、四生（胎生、卵生、湿生、化生）和六道（天、人、魔、地狱、畜生和饿鬼）的一切祸福。

事在人为，休言万般皆是命；
境由心造，退后一步自然宽。
——黄齐生题青城山前山天师洞三皇殿

今按：此联以俗语集成，语辞浅白，富有哲理，对人立身处世、解脱困境颇具启迪性，在道教宫观上比较流行。考范长生在人生关键时刻，都是按这一立身处世哲学行事，比如他徙居蜀中，岩居穴处，求道养志；他让王居相，以道治国等，都体现了“退后一步自然宽”的处世精神。

第五篇　相关文献及研究成果

一、相关文献

《华阳国志》——（晋）常璩　著

《华阳国志》，又名《华阳国记》，是一部专门记述古代中国西南地区（含今四川、重庆、云南、贵州四省（市）以及甘肃、陕西、湖北部分地区）公元四世纪中叶以前（上古至东晋时期）的历史、地理、人物等内容的地方志，由东晋常璩撰写于晋穆帝永和四年至永和十年（348—354年）。全书共12卷，约10万字。任乃强说：“在缃素时代，为地方史一鸿篇巨制矣。”刘琳说：它“具有很高的史料价值，是一部重要的史籍”。洪亮吉认为，此书与《越绝书》是中国现存最早的地方志著作。

常璩塑像（摄于街子古镇）

常璩（qú），字道将，蜀郡江源县（今四川崇州市一带）人，晋惠帝永康年间，蜀中烽烟四起，蜀人纷纷外逃避难，《仁寿县志》云：“常璩因当时年幼家贫，未能远徙，随家附青城山范长生以自存。”李雄立国后，为成汉史官，掌著作，官至散骑常侍。其经历和职务，使他能接触大量文献和档案，也为他提供了调查研究之便，为完成《华阳国志》等著作创造了有利条件。晋穆帝永和三年（公元 347 年），晋大将桓温伐蜀，他曾劝李势投降，桓温灭成汉后，以常璩为参军，随至建康。他的著作除《华阳国志》见存外，其余如在成汉时写的《汉之书》十卷，记成汉历史，后入晋秘阁，改名《蜀李书》，都佚亡了。

《华阳国志》自成书以来，一直以体制完备，结构严谨，内容丰富，考证翔实，史料可靠著称，是研究古代西南地方史和西南少数民族史以及蜀汉、成汉史的重要史料，受到历代学者的高度评价和推崇。唐代著名史评家刘知几在《史通·杂述》中说："郡书者，矜其乡贤，美其邦族。施于本国，颇得流行；至于他方，罕闻爱异。其如常璩之详审……而能传诸不朽，见美来裔者，盖无几焉。"北宋学者吕大防在《华阳国志·序》中也说："蜀记之可观，未有过于此者。"当代学者杨伟立认为"常氏入晋以后著的《华阳国志》算是目前能够看到的关于成汉史的第一手资料""此书包括'肇自开辟，终乎永和三年'的史事。其中蜀汉、晋代、成汉的史事，或得知故老传闻，或为亲身经历，准确性大，是研究我国西南地区历史、地理的一部重要著作"。四川大学古籍整理专家刘琳教授认为"《华阳国志》的史料价值是多方面的""它为西南地区古代地理、政治史、经济史、民族史的研究提供了许多珍贵的史料""常璩以蜀人说蜀中及邻区的地理，一般说来，自较外地著作更为可靠""以当代人写当代人，尤为翔实可据"。他又说："第八、九卷述西晋统一、西南流民起义及成汉时期的历史，不但参考了常宽、杜龚的《蜀后志》（均已佚），而且加进了成汉的档案材料和他的亲身经历，不少是第一手材料，对于研究晋史至为宝贵。"当代历史学家、民族学家任乃强教授概括了《华阳国志》五大优点："一、其一书兼备各类，上下古今，纵横边腹。……极人事之变化，穷天地之所有，汇为一帙，使人览而知其方舆之全貌者，实自常璩此书创始。此其于地方史中开创造之局，亦如正史之有《史记》者。二、璩乃拥一方之盛，博取约用，精练再三，故能一度书成，辄被传钞，流行南北，如有胫翼，"洛阳纸贵"，未为多让。此其凭借丰厚，取用鸿博，亦如《三都赋》之见重于时者。三、我国两千年来，地方史志不下万种，无非流行一时，旋成复瓿（bù）。惟璩此书，虽仅方隅之事而能流行全国，迄今研究封建社会史者尤必重之，此其在历史发展阶段中，代表性强，足以抗衡正史者。四、唐宋以降，蜀与中原融为一体，此书盖有力焉。

此就掌握地方特殊性与全国一致性相结合言，常氏实开先河者。五、对与古代史料，颇能批判吸收，而非一味盲从滥用。又略于往古而详于当今。虽非通体皆然，要其个别有所表现，稍胜于班固、陈寿诸史。此其于史学三长中，史德尤为杰出者。”由此，《华阳国志》为世人所重。徐广的《晋记》，范晔的《后汉书》，裴松之的《三国志注》，刘昭的《续汉志注》，李膺的《益州记》，郦道元的《水经注》，崔鸿的《十六国春秋》，贾思勰的《齐民要术》，唐初房玄龄等修的《晋书》，魏王泰等撰《括地志》，刘知几撰《史通》，李吉甫撰《郡县图志》，宋世李昉等辑《太平御览》《太平广记》，乐史的《太平寰宇记》，司马光等的《资治通鉴》，王钦若等辑《册府元龟》，王象之的《舆地纪胜》等，以及明之《永乐大典》，清之《图书集成》《四库全书提要》等都大量取材于《华阳国志》。任乃强先生将它与《史记》《资治通鉴》并举，赞曰：“正史几十种，莫不推司马迁《史记》为典型。编年史几十种，莫不推司马光《通鉴》为典型。地方志几百种，莫不推《华阳国志》为典型。”历代多数史学家都认定为地方史志之佳作。当代人对于古代西南的研究，都把《华阳国志》作为重要的史料。尤其在纂修重庆、四川、云南、贵州等地方史志时，更是离不开它。

陈晓明《华阳国志三十年来研究综述》说：“先秦蜀国并无文献传世，现今所见的秦统一巴蜀前的巴蜀古史，只存在于《蜀王本纪》和《华阳国志》两部书中，且以《华阳国志》更为具体和系统。至于汉以来的历史，由于常璩是以蜀人谈蜀事，见闻丰沛，资料广博，记述更为翔实可靠。其中尤以对成汉政权的记载尤为珍贵，《大同志》和《李特、雄、期、寿、势志》两篇成为研究成汉历史的最权威史料。”

建于街子古镇的华阳国志馆

范长生、范贲父子相继相成，历时达30余年，经历和见证了成汉建国，兴盛衰亡全过程，是成汉历史的见证者和践行者，与成汉政权休戚相关、荣辱与共；同时，范长生也是我国道教继“三张”之后，又一重要领袖，他与其子范贲辅助李雄在巴蜀大地上进行了再次“以道教治国”的成功实践。所以,《华阳国志》也是研究范长生、范贲父子最为珍贵最为权威的史料，是无可替代的文献依据。

为纪念常璩这位伟大的史志学家，彰显《华阳国志》这部史志名著的历史地位和作用，在其故里四川省崇州市街子古镇特建了“华阳国志馆”，供人们瞻仰参观，门联云：“如鉴如衡千秋笔；求真求是百代师。”

《华阳国志校注》——刘琳　校注（巴蜀书社 1984 年出版）

本校注本在文字校勘上以廖刻题襟馆本为工作本，参校诸本；注释上以史实的注释和考证为主，注意文字的训诂解释；同时书中附有示意地图。修订版对原来注释中解释得太简略的历史资料有所补充，未引用原文的增引原文；对原来注为“不详”的补充注释，注释不确的予以改正；对一些古地名的今释重加解释；另外对词句的训释也作了一些修改和补充，对文字的校勘也有一些新的看法。为读者提供了一本不失专业水准的中级读物，参考性、综合性较强，很有收藏价值。

刘重来高度评价了刘琳对《华阳国志》校注的贡献，认为《华阳国志校注》的出版，“不仅使研究者有了一部可靠的案头物，而且也使读者有了一部可读的历史佳作”“是将古籍整理与古籍研究熔为一炉，因而在很多方面对我们整理古籍都有一定的启示”。

刘琳，1939 年生，贵州丹寨人。四川大学教授。1959 年毕业于四川大学历史系历史专业，留系任教。1984 年调本校古籍整理研究所，曾任副所长。长期从事中国古代史研究、古籍整理研究，在两汉魏晋南北朝史、四川古代史、古文献学等领域均有较高造诣，获得国务院特殊津贴。主要著作有《华阳国志校注》《四川古代史》（两汉魏晋南北朝部分）、《古籍整理学》《中古泥鸿》《全宋文》（主编）、《现存宋人著述总录》；整理校点的古籍有《黄庭坚全集》《全蜀艺文志》等。以上著作中，有七项获省部级奖。

《华阳国志校补图注》——任乃强　校注（上海古籍出版社 1987 年 7 月出版）

任乃强（1894—1989 年），字筱庄，四川省南充市人。著名历史地理学家、民族学家，我国近代藏学研究的开拓者之一。1920 年毕业于北京农业高等学堂，曾参加“五四”运动。历任重庆大学、华西协和大学、四川大学、西南民族学院教授，中国民族研究学会理事，中国民族史学会、四川民族学会、四川历史学会顾问。民国时曾任西康建省委员，中华人民共和国成立后任西南民族事务委员会委员。1957 年被划为“右派”，1982 年平反后，任四川省社会科学院特约研究员，地方史专业硕士生导师。一生涉猎广泛，著作众多。有《四川史地》《西康图经》《西康史地大纲》《中国农业史》《川康藏农业区别》《四川州县沿革图说》《四川历史地图》《周诗新诠》《羌族源流探索》《四川上古民族史》《山海经新探》《川藏边历史资料选》和《张献忠》（历史小说）、《长生岛》（民俗小说）、《康藏标准地图》（首部汉英藏文对照康藏全图）等著作 20 余部，论文数百篇。

《华阳国志校补图注》是任乃强先生积四十年研究心得撰成的鸿篇巨著。1961 年完成初稿，嗣后几经修订，于 1982 年定稿。这部近 150 万字的专著，对晋代常璩所撰的中国第一部方志《华阳国志》（原书仅存 10 万字）进行了全面整理、研究、系统地考证和论述了大西南地区上古至东晋时期的历史、地理、社会、政治、经济、文化、交通，探讨了西南众多民族的内在联系及其派分，纠驳了前人诸多谬说，提出了大量新颖独到的见解。有评论说：任乃强集 40 余年之苦功，搜讨旧刻，博征群书，勘正原文，补其残缺，施以标点，分段加注，插绘地图，期于解决旧刻遗存的问题，便于读者使用。该书 1987 年由上海古籍出版社出版以后，受到国内外学术界的高度评价，1991 年荣获全国首届古籍整理一等奖，1993 年又荣获全国首届国家图书奖。自 1987 年 7 月第 1 次印刷后，至 2015 年 5 月，已是第 7 次印刷，足见其需求量之大。

《十六国春秋》——（北魏）崔鸿　撰

《十六国春秋》是记载十六国（304—439 年）历史的纪传体史书，作者是北魏的崔鸿。

崔鸿（478—525 年），字彦鸾，齐州清河（今山东临清市东）人，北魏著名史学家，年轻时就有志于修史。西晋灭亡前后，巴蜀出现了賨人李雄建立的成汉政权，中原地区先后出现了匈奴刘渊、羯石勒、氐苻坚等建立的政权，历史上总称为十六国，这些政权各有自己的史书，但是体例不一，记述差距也较大。所以，崔鸿根据旧的记载，加以综合汇编，写成一百卷，此外还有序例一卷，年表一卷。《十六国春秋》历史地位很高，后来的魏收编写《魏书》，唐朝时编修《晋书》，都将此书作为重要参考资料。不过到北宋时已经残缺得只剩二十多卷。司马光编修《资治通鉴》时曾引用过，但已非全貌。

此书现存三种辑本。

1. 明屠本《十六国春秋》。明代屠乔孙、项琳之以《晋书·载记》《魏书》《北史》《册府元龟》《资治通鉴》以及《艺文类聚》《太平御览》等书补缀而成辑本一百卷，仍题“崔鸿撰”，并署“屠乔孙、项琳之同订”，史料丰富，然欠考证，被清人斥为伪书，是今日的流行本。

2. 另外《汉魏丛书》中保存有十六卷本，十六国各为一录，记各国主五十八人，由明人依据《晋书·载记》编排而成，与《晋书》大同小异。

3. 清代汤球辑有《十六国春秋辑补》一百卷，所辑史料力求信而有征，并有考证工作，是研究十六国史的重要参考书。

杨伟立说：“北魏崔鸿根据常璩的《汉之书》写成的《十六国春秋·蜀录》，原书在北宋时已亡佚，《太平御览》引了不少，也远远不是崔氏全豹。这算（关于成汉历史的）第二手材料”“明人屠乔孙的《十六国春秋辑补》，‘其文联缀古书，非由杜撰’（《四库全书总目提要》“载记类”），却没有新的内容”。

《晋书》——（唐）房玄龄 等 著

《晋书》，纪传体晋代史。中国古代的二十四史之一，唐房玄龄等人合著，作者共二十一人。此外唐太宗也写了宣帝、武帝两纪和陆机、王羲之两传后论，故旧本亦题“御撰”。修于贞观十八年至二十年间（644—646年）。记载的历史，上起三国时期司马懿早年，下至东晋恭帝元熙二年（420年）刘裕废晋帝自立，以宋代晋。该书同时还以“载记”形式，记述了十六国政权的状况。原有叙例、目录各一卷，帝纪十卷，志二十卷，列传七十卷，载记三十卷，共一百三十二卷。后来叙例、目录失传，今存一百三十卷。

唐之前人撰《晋书》颇多，唐初流传的有臧荣绪等十八家。玄龄等以臧著为主，参考诸家，撰成本书。本书增立“载记”，十六国中的前赵、后赵等十四国，皆入“载记”，仅前凉、西凉人列传。本书辞藻绮丽，多记异闻，对史料的鉴别取舍，不甚注意，“竞为绮艳，不求笃实”，是本书的缺点，但因诸家晋史已不存，仍有一定参考价值。近人吴士鉴著《晋书斠注》，采集众说，于辨异、证同、纠谬、补遗四者，用力颇多，1928年由吴兴嘉业堂刊行。

杨伟立说：“唐修《晋书》中的李特等人载记，算是（成汉史的）二、三手材料，仍是很有价值的。”

《资治通鉴》——（宋）司马光　主编

《资治通鉴》是北宋著名史学家、政治家司马光（1019—1086年）和他的助手刘攽、刘恕、范祖禹、司马康等人历时十九年编纂的一部规模空前的编年体通史巨著。记载了从战国到五代共1362年的史实。战国—汉武帝的部分与《史记》重合。《资治通鉴》的内容以政治、军事和民族关系为主，兼及经济、文化和历史人物评价，目的是通过对事关国家盛衰、民族兴亡的统治阶级政策的描述警示后人。宋神宗认为该书“鉴于往事，有资于治道”，而钦赐此名。由此可见，《资治通鉴》的得名，既是史家治史以资政自觉意识增强的表现，也是封建帝王利用史学为政治服务自觉意识增强的表现。全书294卷，约300多万字，另有《考异》《目录》各三十卷。是我国编年史中涵盖时间最长的一部巨著。《资治通鉴》所记历史有限，上起周威烈王二十三年（公元前403年），下迄后周显德六年（959年），前后共1362年。全书按朝代分为十六纪，即《周纪》五卷、《秦纪》三卷、《汉纪》六十卷、《魏纪》十卷、《晋纪》四十卷、《宋纪》十六卷、《齐纪》十卷、《梁纪》二十二卷、《陈纪》十卷、《隋纪》八卷、《唐纪》八十一卷、《后梁纪》六卷、《后唐纪》八卷、《后晋纪》六卷、《后汉纪》四卷、《后周纪》五卷。

司马光编修《资治通鉴·晋记》四十卷时，大量取材于《华阳国志》。亦曾引用崔鸿《十六国春秋》，但该书到北宋时已经残缺得只剩二十多卷，惜非全貌。

《成汉史略》——杨伟立　著

1982年6月，四川省社会科学院历史研究所“为最终写成一部质量较高的多卷本《四川通史》打下基础”，启动了《四川通史丛书》编写工作。杨伟立所著《成汉史略》是《四川通史丛书》之一，1983年1月由重庆出版社出版发行。本书作者依据常璩《华阳国志》，在参考《晋书》《资治通鉴》《太平御览》《十六国春秋辑录》等古籍和考古材料的基础上，第一次较系统地研究、记载和论述了五胡十六国时期，賨人李特、李雄在成都建立的成汉国的历史。成汉政权从李特于晋惠帝太安二年（302年）在成都建号至东晋穆帝永和三年（347年），大将桓温灭汉，共历六世四十五年。作者详细地记述了成汉兴盛衰亡的全过程，分析其存在和灭亡的原因，肯定了李雄在位期间，在范长生、范贲父子辅佐下，坚持以道教治国的方略，施行休养生息、轻徭薄赋的国策，使国家“事少役稀，民多富实。至乃闾门不闭，路无拾遗，狱无滞囚，刑不滥及”，成为“民夷便乐”的太平之世。称誉“由是夷夏安之，威震西土。时海内大乱，而蜀独无事，故归之者相寻”的历史。他说：“李雄统治的三十年是成汉的鼎盛时期，疆域不断扩大，政治稳定，经济发展显著，文化方面也采取了一些措施，比起中原战乱之区，大成国称得上一片静土。”本书章法严谨，分析透辟，语言通俗流畅。是一本研究成汉史的专著和范长生父子的重要参考书，也是一本成汉历史的通俗读物。

二、研究成果（存目）

《范长生与巴氐据蜀的关系》

唐长孺

《历史研究》，1954年第4期，第115—121页。

作者介绍：唐长孺（1911—1994年）江苏人，中国历史学家、社会科学家，1932年上海大同大学文科毕业，历任蓝田国立师范、武汉大学讲师、副教授、教授、武汉大学历史系主任、国家文物局古文献研究室主任、武汉大学中国三至九世纪研究所所长、中国科学院历史研究所研究员、《中国大百科全书》总编委委员、《中国大百科全书·中国历史》编委副主任、国务院古籍规划委员会委员。著作有《晋魏南北朝史论丛》《晋魏南北朝史续编》《晋魏南北朝史拾遗》《晋魏南北朝隋唐史三论》等。他最早研究了巴蜀地区成汉政权与道教的关系，并且于1954年在《历史研究》杂志上发表了《范长生与巴氏据蜀的关系》，引起学术界的高度关注和热烈讨论，至今仍继续发酵。

《试论西晋末年李特、李流领导的流民暴动的性质》

简修炜

《史学月刊》，1964第12期，第32—27页。

《论李特起义和成汉政权》

漆泽邦

《西南师范大学学报》（人文社会科学版）1979年第2期，第26—29页。

《论李特起兵及其所建政权的性质》

杨伟立

重庆：《西南师范大学学报》（人文社会科学版），1980年第2期。

《賨人建国史略》

杨伟立

《西南民族大学学报》（人文社会科学版），1980年第3期。

《论李特兄弟领导的武装斗争及成汉政权的性质》

童超

《社会科学研究》，1980年第2期，第59—66页。

《青城山道教仙源录》

付元天、王家佑

《道教会刊》，1986年第18期。

《巴賨建国的宗教背景》

刘九生

《陕西师范大学学报》（哲学社会科学版），1986年第1期。

《青城山道教的宗派和现状》

王纯五

《宗教学研究》，1987年 期，第22—26页。

《范长生与巴氏据蜀关系再探》

段玉明

《云南教育学院学报》(对外汉语教学与研究版),1989 年第 3 期,第 79—85 页。

《西蜀古园长生宫》

王纯五

《文史杂志》,1992 年第 6 期。

《青城山李善济长联注解》

郭祝崧

《成都师专学报》,1995 年第 1 期。

《蜀才易学述评》

林忠军

《象数易学研究》(一),刘大钧主编,齐鲁书社,1996 年版。

《中国南方少数民族与道教关系初探》

张泽洪

中国社会科学院民族学与人类学研究所,《民族研究》,1997 年第 6 期。

《易史人物小传》29 人《蜀才——范长生小传》

林忠军

《象数易学发展史》第二卷,齐鲁书社,1998 年 7 月第 1 版,第 40 页。

作者介绍:林忠军,1960 年生,山东莱阳人。山东大学易学与中国古代哲学研究中心副主任、学术委员会委员,教授,博士生导师,《周易研究》编辑部主任。兼任中国周易学会秘书长、国际易学联合会理事、国际中国哲学学会会员、北京大学儒藏编纂委会委员、中国河洛易经学会学术顾问(台湾)、新加坡易经学会学术顾问等。主要从事易学研究,擅长象数易学,旁及周易经传、易学史、易学哲学、新出土易学文献、易学与管理学等领域,出版著作 10 余部,在国内重要期刊发表学术论文 50 余篇。

《蜀才及其易注》

程元敏

台湾大学《中文学报》,1989 年第 2 期,第 113—114 页。

《巴人易学探寻》

曾超

《重庆市历史地理专业委员会第八届年会学术交流论文集》,2016年。

作者简介:《长江师范学院学报》执行主编，长江师范学院历史系教授。

《大成——一个千年王国的宗教与种族》

祁泰履（美籍）

刘 屹:《近年道教研究对中国古史研究的贡献》，转引自《中国史研究动态》2004年第8期。

作者介绍：祁泰履，世界著名汉学家、历史学家，美籍，美国加州大学伯克利分校博士，现为美国科罗拉多大学东亚语言与文学系教授，负责教授该校的东亚宗教课程，研究重心在于道教天师道及中国民间宗教。该著作发表于1998年，全面分析、研究了巴蜀地区成汉政权与道教的关系。

《道教与政治关系论》

周勇

四川大学博士论文（未刊），2001年。

作者介绍：周勇，西南大学教授、博士生导师、中国抗战大后方研究中心主任，曾任中共重庆市委宣传部常务副部长、党史研究室主任、《红岩春秋》杂志社社长、中共重庆市委新闻发言人。

《范长生的易学思想》

唐明邦

《宗教学研究》，2001年，第4期。

作者介绍：唐明邦，1925年生，重庆市忠县人，中共党员，著名哲学家、世界当代十大杰出易学家、武汉大学哲学系教授、博导，中国周易学会顾问、东方国际易学研究院学术委员、国际统一易学联合会讲师团教授、世界易学领袖协会首席高级顾问、湖北省道教学术研究会会长。著有《当代易学与时代精神》《〈邵雍评传〉附〈陈抟评传〉》《易学与长江文化》（合著）、《李时珍评传》《本草纲目导读》等，主编《周易评注》《周易纵横录》，发表论文200余篇，计200余万字。其传略被收录入《世界名人录》(美国)、《东方之子》(海外版)、《中国风水家辞典》《中国易学家辞典》等名人词典。

文章摘要：范长生又名蜀才，是隐居青城山的高道，成汉政权封为西山王，尊为天地太师。精于《易》，后人辑为《周易蜀才注》。或分析《易传》辞语，阐明易理；或剖析卦爻象，发明易义。其卦变思想，补救虞翻之偏，在易学、训诂学上亦颇多贡献，充分反映了巴蜀易学同道教的密切关系。

《道教在巴蜀》

雷康

巴蜀网，2001年7月19日。

《鹤翔山庄演绎道家文化》

小鱼

《国际商报》，2003年。

《宫观建筑环境设计中道教美学思想的运用》

续昕

四川大学硕士论文，2003年。

《千年银杏》

信灵

《中国道教》，2004年第2期。

《道教的社会传播研究——以公元六世纪前巴蜀及中国北方为中心》

曾维加

四川大学博士论文(未刊)，2004年。

目录摘录：

第二章《巴蜀道教传播研究》

第四节《范长生天师道的社会整合作用》

一、成汉政权与天师道的关系

二、蜀中天师道的社会整合作用

作者介绍：曾维加，1973年7月生，四川乐山人，2004年7月，毕业于四川大学道教与宗教文化研究所，获哲学博士学位。2007年3月，南京大学哲学宗教学系博士后流动站出站，西南政法大学中国社会稳定与危机管理研究中心研究员、硕士生导师、主要研究道教与民族文化。著、译作有《道教的社会传播研究》《唐代道教—中国历史上黄金时期的宗教与帝国》（后者为英国学者巴瑞特著）。

《青城山长联选注》

郭祝崧

《文史杂志》，2004 年 5 期。

《道教在巴蜀初探》

卿希泰

《社会科学研究》，2004 年第 6 期。

作者介绍：卿希泰，四川三台县人，1928—2017 年。中共党员、四川大学法律系本科、中国人民大学哲学研究生毕业。曾先后负责创建四川大学哲学系和宗教学研究所，曾任川大哲学系党总支书记、副系主任、川大宗教学研究所所长。四川大学文科杰出教授（院士待遇），“985”工程“宗教与社会研究”创新基地首席专家，四川大学公共管理学院教授委员会主席，宗教所名誉所长、教授、博士生导师、《宗教学研究》季刊主编。曾兼任中国宗教学会副会长、全国宗教学学科规划组（学科评审组）副组长、全国首届高等学校哲学学科教学指导委员会委员、四川省首届哲学学科学术带头人、四川省社会科学界联合会顾问、四川省国际文化交流中心顾问。曾为《宗教词典》与《中国大百科全书·宗教》卷编委兼道教分支学科主编。主持国家社科重点项目 2 项、教育部重大项目 1 项，教育部项目多项。有专编著《中国道教思想史纲》（3 卷）、《中国道教史》（4 卷）等 15 种，论文 100 余篇，获国家级、教育部和省政府社科成果一、二等奖 7 项。讲授的主要本科课程有《道教与中国传统文化》等。

《青城山与鹤鸣山》

周九香

《文史杂志》，2007 年第 4 期。

《先秦至汉晋时期土家族哲学的核心价值观研究》

肖洪恩

《湖北民族学院学报》，2007 年第 6 期。

《赵李据蜀与天师道在曹魏西晋时期的发展》

陈侃理

《北大史学》第 13 辑，北京大学出版社，2008 年第 1 期，第 68—86 页。

作者介绍：陈侃理，1982 年 9 月出生，浙江海宁人，北京大学历史学系博士、北京大学中文系博士后，现任北京大学历史学系暨中国古代研究中心研究员。研究方向：秦汉晋魏史、出土文献、中国古代思想与政治文化史。

《賨族与道教及大成国的关系探析》

曾维加

《中南民族大学学报》（人文社会科学版）2008 年第 1 期。

《道家养生　成都平原的长寿之乡》

余茂智

《成都日报》，2011 年 1 月 4 日。

《探析范长生对成汉政权的影响》

郭婧博

西北大学历史学院《文史研究》131 期，2012 年 8 月。

《道家养生主题酒店规划设计初探——以鹤翔山庄为例》

刘汀　陈冉

《四川建筑》32 卷，第 4 期，99-102 页，2012 年 8 月。

《道教在四川》

辜度寒

中华五千年网，2014 年 4 月 20 日。

《范长生—晋代姜太公》

杨民仆

中国新闻网，2015 年 8 月 19 日。

三、研究论文（精选）

（一）范长生与巴氐据蜀的关系

唐长孺

我在《晋代边疆各族反晋性质》（见《魏晋南北朝史论丛》，即将由三联书店出版）一文中业已提到范长生与巴氐的关系，但未详述，本文仅就此一问题加以论证，与前文间有重复，其不必要的重复则加以删略。

范长生对于巴氐李氏的建国起了不小的作用。《晋书》卷一百二十《李流载记》：

“三蜀百姓，并保险结坞，城邑皆空，流野无所略，士众饥困。涪陵人范长生率千余家依青城山。尚参军徐与（yú）求为汶山太守，欲要结长生等与尚犄角讨流。尚不许，（与）怨之，求使江西，遂降于流。说长生等使资给流军粮。长生从之，故流军复振。”

当时由于蜀中堡坞武装对于氐汉流民集团的反抗，李特被杀，李流继统军事，而当大败之后加以粮食困乏，情况非常危急，假使不是徐与、范长生转而支持他们，巴氐李氏能否占领巴蜀是难以预料的。所以一到李雄占领成都之后，范长生首先受到特殊的尊敬。同书卷一百二十一《李雄载记》：

“雄以西山范长生岩居穴处，求道养志，欲迎立为君而臣之。长生固辞……范长生自西山乘素舆诣成都，雄迎之于门，执版延坐，拜丞相，尊曰范贤。长生劝雄称尊号，雄于是僭即帝位……加范长生为天地太师之号，封西山侯。[①]复其部曲，不豫军征，租税一入其家。”

李雄对范长生的尊敬是为了他挽救了自己的危机，本不足怪。但是范长生何故要支持李氏？他是涪陵人，为什么住在成都附近之青城山，并拥有部曲？为什么他与徐与的归附便能扭转成败局势？即使为了感恩而给予特殊尊礼，又何至要让长生为君？徐与的地位相同，为什么没有像范长生那样获得尊重？这一些乃是本文所拟说明的问题。

《华阳国志》卷一《巴志》涪陵郡条：

“延熙十三年，大姓徐巨反，车骑将军邓芝讨平之……乃移其豪徐、蔺、谢、范五千家于蜀为猎射官。分羸弱，配督将韩、蒋，名为助郡军，遂世掌部曲为大姓。晋初，移弩士于冯翊连勺，其人性质直，虽徙他所，风俗不变，故迄今有蜀汉关中涪陵。”

按《三国蜀志》卷十五《邓芝传》称延熙十一年“涪陵国人杀都尉反叛，芝率军征讨，即枭其巨帅，百姓安堵”，纪年略有参差，应即一事。徐、范既系涪陵豪姓而被迁于蜀，则涪陵人徐与、范长生自即为徙蜀而世掌部曲的大姓。

我们知道涪陵郡居民种族是复杂的。《华阳国志》涪陵郡条称“多儴蜑之民……蜀丞相亮亦发其劲卒三千人为连弩士”。《周书》卷四十九《蛮传》称信州蛮冉令贤“远结涔阳蛮为其声援”。同书卷四十四《李迁哲传》：“黔阳蛮田乌度、田都唐等每抄掠江中，为百姓患。”涔阳与黔阳并即今彭水县，亦即晋涪陵郡地。《太平寰宇记》卷一百二十黔州条云：

“在汉为武陵郡之酉阳县地，武帝于此置涪陵县。按贾躭《四夷述》，武陵五溪蛮之西界也……后周保定四年蛮帅田思鹤以地内附，因置奉州，建德三年改为黔中。”

黔州之蛮一向被认为即五溪蛮[②]，但与巴蛮即賨人相邻，实为杂居区域。《太平寰宇记》黔州控制临蕃部落共十五种，其中有“巴”与“白虎”即是賨人，可知到宋代仍为各族杂居之地。

如《华阳国志》所述，蜀汉徙涪陵豪姓于蜀猎射官，晋代又将一部分徙居冯翊，也是充当弩士；其人善于弩射可知。我们知道弩射为蛮族专长，特别是賨人或板楯蛮的专长。《华阳国志》卷一《巴志》：

“秦昭襄王时白虎为害，自秦蜀汉巴患之，秦王乃重募国中有能煞虎者邑万家，金帛称之。于是夷朐忍（今云阳县）廖中药、何射虎、秦精等乃作白竹弩于高楼上射虎，中头三节……大响而死……汉兴亦从高祖定秦有功，高祖因复之，专以射白虎为事，户岁出賨钱口四十，故世号白虎复夷，……今所谓弜头虎子者也。[③]汉高祖灭秦为汉王，王巴、蜀，阆中人范目有恩信方略，知帝必定天下，说帝为募发賨民，要与共定秦。”

按《南齐书》卷五十八《蛮传》称蛮人“虎皮衣楯，便弩射”，所说虽指蛮族，但以虎皮及弩射二事看来，似应为巴蛮亦即賨人或板楯蛮的特征。涪陵徙民善于弩射，而《太平寰宇记》所述黔州蕃部又有白虎，我们虽然不能迳以被徙之人都是賨人，其杂有賨人与染有賨人风俗习惯是可信的。汉初阆中的賨人首领是一个姓范的人，而涪陵范氏亦为其地统有部曲之大姓，当非偶然。很可能范氏即出于賨人部落。

和范氏同迁的涪陵徐氏也同样有巴蛮的嫌疑。《晋书》卷一百三《刘曜载记》："长水校尉尹车谋反，潜结巴酋徐库彭。曜乃诛车，囚库彭等五十余人于阿房……尽杀库彭等……于是巴氐并叛。"④《华阳国志》卷一《巴志》巴东朐忍县条云"大姓扶、先、徐氏……有弜头白虎复夷"，这一条有脱文讹字，但可知朐忍有白虎复夷，其大姓有徐氏。我们知道扶氏为巴蛮姓，《周书》卷四十四《扶猛传》："上甲黄土人也，其种落号曰兽蛮，世为渠帅。"兽蛮即虎蛮，避唐讳改，称为虎蛮自即《华阳国志》之白虎复夷。《三国魏志》卷一《太祖纪》建安二十年九月见"巴七姓夷王朴胡"，亦见《华阳国志》卷二《汉中志》，朴读若扑，亦即是扶，则扶氏为巴蛮姓无疑，与之同列的朐忍大姓徐氏颇有巴蛮的嫌疑。徐库彭之为巴蛮已有明证，朐忍之徐亦有可能，那么涪陵徐氏亦有出于巴蛮的可能。

入蜀的巴氐本是迁居略阳的賨人，《晋书·李特载记》云：

"李特字玄休，巴西宕渠人。其先廪君之苗裔也……秦并天下，以为黔中郡，薄赋敛之。口岁出钱四十。巴人呼赋为賨，因谓之賨人焉……魏武帝克汉中，特祖将五百余家归之。魏武帝拜为将军，迁于略阳，北土复号之为巴氐。特父慕为东羌猎将。"

关于廪君、盘瓠、板楯三种蛮的关系，我们这里不加讨论，总之巴氐出于賨人。李特之父为猎将，当亦由善于弩射之故。出于涪陵而有賨人嫌疑的蜀汉猎射官范氏、徐氏与李氏颇有同族可能。

以上所述虽近于推测，然涪陵既为蛮族聚居区域，直到宋时仍有巴蛮与白虎部落的踪迹，而范、徐二姓又均与賨人有关，似乎不能算作附会。这样我们就不难解释徐、范二人首先归附李氏之故，至于《载记》及《国志》并云徐与求为汶山太守不成，因而怨恨晋刺史罗尚，自然也是降附原因之一，只是并非单纯由于此一原因而已。

然而范长生之重要及其所受特殊礼遇却另有其原因。《华阳国志》卷九云："（范）贤名长生，一名延久，又名九重；一曰支，字符，涪陵丹兴人。”这一串奇怪的名字大抵与道教有关。[5]《载记》称他“岩居穴处，求道养志”，《魏书》卷九十六《賨李雄传》称：“时涪陵人范长生颇有道术，雄笃信之。”《太平御览》卷一百二十三引《十六国春秋·蜀录》云：“范长生卒，以其子贲为丞相。长生善天文，有术数，民奉之如神。”各条都说明范长生是一个道教徒，而如《十六国春秋》所述，还是拥有不少信徒的宗教首领。《晋书》卷五十八《周访附子抚传》：

“永和初，桓温征蜀……以功迁平西将军。隗文、邓定等复反，立范贤子贲为帝。初贤为李雄国师，以左道惑百姓，人多事之。贲遂有众一万。抚与龙骧将军朱焘击破，斩之。”

本条更充分说明范长生宗教首领的地位及其在蜀中的势力，所以当李氏破灭之余，他的儿子还能依凭其声势号召党徒，并被推为帝。由此可见李雄要推范长生为君不仅报恩，而是范长生确有称帝的力量。

我们知道巴郡为天师道根据地，关于东汉末年张修及张陵祖孙在巴蜀传播天师道的事迹，这里无须赘述，涪陵既是在其教区范围内，其地人民接受此种宗教，本极自然。《水经·江水注》云：“有平都县，……县有天师治。”平都即今丰都县，其地与涪陵（彭水）相近，范长生及其先世必早为天师教徒。他所居之青城山是道教洞天福地之一。《太平寰宇记》卷七十三永康军青城县条：“此第五大洞，宝仙九室之天，黄帝所奉，……又有石日月像，天师立青城治于其中。”《云笈七签》卷二十七《洞天福地》引《司马紫微集》青城山洞亦列第五，卷二十八于列举道教二十四治之外，又举若干后加之治，青城治列于八游治之一，称是系师即张鲁所立。《全唐文》卷九百三十二杜光庭《青城山记》称：“山傍有誓石，天师张道陵与鬼兵为誓，朱笔画山，青崖中绝。”又有《修青城山诸观功德记》也提到张天师在山上所立的天地日月石刻、羊马台、三师坛等。这些鬼话都可证明青城山为天师道圣地之一。范长生居于青城山不止是避乱，而是因为宗教上的关系。

此外从范长生的一些奇怪名号中也可看到还有天师道习惯语的特征。《晋书》卷一百《孙恩传》，“号其党曰长生人”，则“长生”亦是道教徒名称。范长生之尊为范贤恐与太平道之大贤良师有关，[6]至于天地太师之号实即是天师之繁称而已。

如上所述，我们可以相信范长生为天师道首领。而当晋灭蜀汉之时，蜀中天师道相当流行。《华阳国志》卷八：

“咸宁三年春刺史濬（王濬）诛犍为民陈瑞。瑞初以鬼道惑民，一（疑当作人）道始用酒一斗，鱼一头，不奉他神，贵鲜洁，其死丧产乳者不得至道治，其为师者曰祭酒。父母妻子之丧不得抚殡入吊及问乳病者。……自称天师，徒众以千数百。濬闻，以为不孝，诛瑞及祭酒袁旌等，焚其传舍。益州民有奉瑞道者，见官二千石吏巴郡太守犍为唐定等皆免官除名。”

但这种禁令必然难以持久，所以范长生能够传播其教，而且被“奉之如神”。他既拥有不少信徒，一朝归附李氏，其影响之大是可以想见的。

同时天师道又是范长生与巴氐结合的桥梁，因为巴氐崇奉天师道亦是由来已久。《李特载记》云：

“汉末张鲁据汉中，以鬼道教百姓，賨人敬信巫觋，多往奉之。值天下大乱，自巴西之宕渠，迁于汉中杨车坂。”

可证李特及其所领巴氐多系天师教徒。《北史》卷六十六《泉企传》：“巴俗事道，尤重老子之术。”当南北朝后期居于山南洛州之巴蛮仍尊奉其世传之宗教，那么西晋初年入蜀之巴蛮更不须说。这样，从宗教关系上也可以解释范长生归附李氏之故。而范长生所以独受特殊尊重，即因他不单是有功于李氏，而且还是一个宗教首领。从这一点来说，他的地位高于李雄，所以李雄要执版相见，行下僚参谒之礼，而且要让位给他。

当巴氐李氏统治期间天师道在巴蜀一定更有发展，这只要看上引《周抚传》所述李氏灭亡之后，继之称帝的乃范长生之子就可知道。而周抚之子周楚也曾平定过蜀中道教徒之乱。《晋书》卷五十八称周楚继父监梁益二州，“太和中蜀盗李金银、广汉妖贼李弘并聚众为寇，伪称李势子，当以圣道王，年号凤凰……楚遣其子讨平之”，其事亦见卷八《海西公记》。太和五年，已是平蜀之后二十五年了。

以上论证仅在解释范长生与巴氐李氏的结合原因与他在巴氐据蜀时所起的作用。

我在《晋代边疆各族反晋性质》一文中业已说明秦陇氐汉各族流民所发动的斗争与当时长江中游各地发生的流民反晋斗争，特别与蛮族张昌的起义相似。二者同样羼杂着种族的与宗教的因素，但决不能以此说明其反晋性质。晋代各流民集团的规模是相当巨大的，这是一种以地方大族为领导的包含各阶级的区域性组织，因而一起来就无可避免地以主客对立的形态出现。但是流民中绝大多数乃是丧失了土地，并遭受流亡地的政府及豪强所压迫的农民，因而斗争的本质仍然是被压迫阶级对于压迫者的反抗。

秦陇流民集团开始起事时，不但攻击政府军，同时也威胁土著地主，这只要看杜弢之不能安居成都而要避难东下，便可知道。于是土著地主的武装也发动起来了，经过一次战斗之后，以巴氐李氏为首的氐汉大族与土著地主取得了妥协；晋朝的地方政府被推翻了，巴氐李氏安稳坐上宝座，流民却没有获得什么。

范长生便是担任沟通主客统治者以取得妥协的角色。他是拥有部曲的地主武装首领，又是宗教首领，通过他与巴氐李氏种族上、宗教上的特殊关系主客统治者接近了；他和徐与与李雄的合作构成了以后联合统治的条件。

主客统治者在阶级关系上取得合作是必然的，但范长生以其特殊身份缩短了彼此的距离并带动了他的信徒，这样就使得合作迅速取得，而随后他又成为李氏割据政权的有力助手，因而他的身份及其活动在历史上有一定的重要性。

※ 注释：

原文载《历史研究》，1954 年第 4 期。

作者介绍：唐长孺，1911—1994 年，江苏人，中国著名历史学家、社会科学家，1932 年上海大同大学文科毕业，历任蓝田国立师范、武汉大学讲师、副教授、教授、武汉大学历史系主任、国家文物局古文献研究室主任、武大中国三至九世纪研究所所长、中国科学院历史研究所研究员、《中国大百科全书》总编委委员、《中国大百科全书·中国历史》编委副主任、国务院古籍规划委员会委员。著有《晋魏南北朝史论丛》《晋魏南北朝史续编》《晋魏南北朝史拾遗》《晋魏南北朝隋唐史三论》等。他最早研究了巴蜀地区成汉政权与道教的关系，并于1954 年在《历史研究》杂志上发表了《范长生与巴氐据蜀的关系》一文，提出许多具有开创性的论述，对范长生及成汉国史的研究具有重大研究价值，引起学术界的高度关注和热烈讨论，至今仍继续发酵。

（二）范长生与巴氏据蜀的关系再探（节选）

段玉明

巴氏据蜀是西晋末年流民起义中的重要事件。范长生与巴氏据蜀的关系，唐长孺先生曾经在其《晋代北境各族“变乱”的性质及五胡政权在中国的统治》①与《范长生与巴氏据蜀的关系》②二文中加以探讨，论证缜密，结论精到。但是笔者认为，唐先生的某些结论似乎还可探讨，而某些语焉不详的问题又有待补充。因此，笔者撰成此文，以期有助于对此问题的研究。

1. 范长生其人考略

在魏晋时期的道教史上，范长生算得上是一个比较神秘的人物了。他的名字很多，“贤，名长生，一名延久，又名九重，一曰支，字元”③。见于史籍最多的是“长生”一名。“长生”是否即其正式名字，现在很难判断。魏晋时期，许多道教徒都喜欢采用“长生”二字，孙恩即“号其党曰长生人”。④对于早期道派，有的分“丹鼎”“符箓”二派；有的分为“仙道”“鬼神”二派；还有的分为“金丹”“符水”二派。钟国发先生认为：作为新道教前身的道术，大体可分炼养、服食、符箓三派。故以炼养、服食二派合称仙术（仙道），以符箓之道为鬼神道。⑤仙术一派以“长生”为其目标，凡求道养志之人莫不追求。疑为寇谦之作的《老君音诵诫经》云：“后人乐道长生，循放无效者何？愚人意短，不达至妙。长生至道，仙圣相传，口决授要，不载于文。……不降仙人，何能登太清乎？……诸欲修学长生之人，好共寻诸颂诫，建功香火，斋炼功成，感彻之后，长生可克。”晋哀帝即“雅好黄老，断谷，饵长生药，服食过多，遂中毒，不识万机。”⑥所以，我们说“长生”一名未必即是真名。这一点，从“延久”一名上也可看出。其次，“范贤”也较常见，唐长孺先生疑与太平道的大贤良师有关。不管是否如此“范贤”亦绝非其真名，乃其尊称，“尊曰范贤”⑦。此外，范长生又名“蜀才”。《隋书·经籍志》载有《周易》十卷，为蜀才注。《颜氏家训·书证篇》引常璩的《蜀李书》（一名《汉之书》），称蜀才即是范长生。世传范长生享年130岁⑨，因为疏于记载，我们已经很难辨其真伪。所知道的，即他死于李雄玉衡八年（318年）。如果世传不诬，则范长生应该生于汉灵帝中平六年（189年）。又传刘备称帝成都，征范长生不果，遂封其为“逍遥公”。此传说显然不实，辨正后见。

范长生为涪陵丹兴人。[10]丹兴，即今川东之黔江县。蜀后主延熙十一年（248年）秋，涪陵大姓徐巨杀都尉叛，车骑将军邓芝往讨，“皆破平之。”[11]于是，“移其豪徐、蔺、谢、范五千家于蜀为猎射官。分羸弱，配督将蒋韩，名为助郡军，遂世掌部曲为大姓。”[12]范长生即在此时移居成都。关于这点，唐长孺先生有详细的考证。[13]

范长生是一个五斗米道徒，史书上称他“岩居穴处，求道养志”[14]，“颇有术数”[15]。我们知道，涪陵郡是民族杂居的地方，其民多事巫祀鬼。《后汉书·西南夷传》所载“俗好巫鬼禁忌”的少数民族，就包含了这一带的。直到数百年之后，“涪陵之民尤尚鬼俗，父母疾病，多不省视医药。”[16]这与早期五斗米道的崇奉鬼卒、符水疗病十分契合。因此，五斗米道一经传入，其地之民接受这种宗教是极其自然的。而且，五斗米道的势力确实伸展到了这一带，离涪陵不远的平都县（今丰都）即有天师治。[17]范长生以及西徙蜀地的涪陵郡民，先世多为五斗米道信奉者，是很有可能的。据陈寅恪先生研究，魏晋时期的五斗米道徒往往世代信奉。[18]例如，东晋末年在江浙一带发动起义的孙恩即“世奉五斗米道”。[19]王羲之家亦“世事张氏五斗米道”。[20]以及后来知名的道教首领杜子恭一家同样“世传五斗米道不替”。因此，范长生以及西徙蜀地的涪陵郡民也很可能受到家传奉道的影响。前已说过，范长生离开涪陵故土在蜀后主延熙十一年（248年），而范长生归附李雄在光熙元年（306年），其间共五十八年。所以，范长生很有可能在离开涪陵时就是一个五斗米道徒了。

我们知道，魏晋时期川西一带五斗米道盛行的程度并不弱于川东。《三国志·张鲁传》称张陵“客蜀，学道鹄鸣山中，造作道书以惑百姓，从受者出五斗米，故世号米贼”。据李贤注和陆游记载，鹄鸣山在今大邑县一带。[21]张陵五斗米道发源的确切地点虽还有待考证，但他曾在此传道，应该没有什么问题。而且，据宋张君房《云笈七签》载，张陵初设二十四治，蜀郡、犍为、广汉各县六治。这一带自然也就成了五斗米道最为盛行的地方之一。范长生即使生在蜀地，则更易和五斗米道发生联系，成其徒众。

范长生不仅是一个五斗米道徒，而且是一个颇有影响的道教领袖。《十六国春秋·蜀录》云："长生善天文，有术数，民奉之如神。"[22]巴氏入蜀时，范长生"率千余家依青城山自守"。[23]青城山是早期五斗米道的一个治所，有名的洞天福地，"上有没溺池，有甘露、芝草"。[24]"此第五大洞，宝山九室之天，黄帝所奏拜为五岳丈人。黄帝刻石拜谒篆书犹存。又有石日月象。天师（张陵）立青城治于其中。"[25]《云岌七签》列青城治于八游治之一，称是张鲁所立。因此，这是历来为各派道徒所看中，道风特甚。范长生盘踞于此，修道养志，影响很大，"民奉之如神"。东晋南朝时期，人们还特地在今灌县修建了"范贤馆"（即今离堆公园之"伏龙观"），内塑范长生塑像，以供崇拜。直到今天，青城山门联仍称："汉标李意，晋著范贤。"由此可见范长生在川西道教徒中的影响之深远。光熙元年（306 年）范长生归附李雄，立即被拜为丞相，加号天地太师，封西山侯，"复其部曲，不豫军征，租税一入其家"。[26]自此至终，他一直在成汉政权内受到特殊尊敬。

关于范长生，我们仅仅知道如上情况。作为一个五斗米道徒和首领，在和巴氏集团发生联系时，宗教因素是一个不可忽视的因素，乃至是非常重要的因素。

…………（省略第 2 部分）

3. 范长生与巴氐据蜀

晋惠帝太安二年（303 年）冬，李雄入据成都，随即建立了大成政权。在李氏割据巴蜀的过程中，范长生起了不小的作用。《晋书·李流载记》曰："三蜀百姓并保险结坞，城邑皆空，（李）流野无所掠，士众饥困。涪陵人范长生率千余家依青城山。（罗）尚参军涪陵徐与求为汶山太守，约要结长生等与尚犄角讨流。尚不许，（与）怨之，求使江西，遂降于流，说长生等使资给流军粮。长生从之，故流军复振。由于李特"分人散众"，入诸坞就食的策略严重损害了三蜀土著豪强的利益，引起他们强烈不满。于是，当晋政府派兵增援时，诸坞群起响应。在官军与三蜀地方武装联合进攻下，李特战败被杀。李特死后，形势急转直下，"蜀人多叛，流人大惧"。[39]李流继统军事，基于频繁的战乱，粮食困乏，而当大败之后，军心涣散，情况十分危急。这时，如果不是徐与、范长生转而支持他们，李氏能否入据成都，进而割据巴蜀，是很难预料的。

在李氏所领导的流民集团面临重重困难、一蹶不振的时候，范长生何以支持李氏，使之重振旗鼓、进而割据巴蜀呢？

《晋书·李流载记》上说：涪陵人徐与欲为汶山太守未遂，一怒之下，转降于李氏，并主动游说同郡人范长生，使资给流民起义军军粮，从而达成了二者结合。我们认为，在范长生与巴氏结合的问题上，这只是一个契机，而非原因。杨千廷先生认为：范长生所以支持巴氏，是基于为蜀复仇的动机，他说："刘备称帝于成都，礼贤下士，请他出山治国；但范长生一心想成神仙，不愿做官；刘备认为他的行为很逍遥，封他为'逍遥公'。蜀亡后，长生辅助李雄反晋，为蜀复仇，以报刘备眷顾之恩。此事载诸史册，后世传为美谈。"[40]以情理而言，这似乎是一个原因。但是，前面已经论证，涪陵郡民移入蜀郡在蜀后主延熙十一年，故范长生根本不可能为刘备所请，更不可能被封"逍遥公"了。因此，如上原因不能成立。

唐长孺先生则认为：范长生所以支持李氏，是由于宗族和宗教两个因素所致。李氏所率巴氏先世均为川东賨民；而由涪陵移入蜀郡的五千余家，"其人性质直，虽徙他所，风俗不变"，[41]与賨人的习性极其相似。故而唐先生说："出于涪陵而有賨人嫌疑的蜀汉射猎官范氏、徐氏与李氏颇有同族可能。"[42]这无疑是范长生支持李氏的一个原因。然而，仅此还是很难让人信服的。李氏及其所率流民大多数尽管曾经是川东一带賨人，但在东汉末年即已离开本土，移居汉中；范长生等也在蜀汉时期便离开了涪陵。鉴于地域不同和时间推移，二者之间逐渐生疏是必然的。因此，宗族原因不是主要原因。唐先生又说："然而范长生之重要及其所受特殊礼遇却另有其原因"[43]"这个原因就是：范长生是一个颇有势力的宗教首领。而李氏所率巴氏多系天师教徒"。这样，从宗教关系上也可以解释范长生归附李氏之故。[44]遗憾的是，唐先生的论证到此为止，未能详细展开，大有补充的必要。

我们知道，在魏晋时期五斗米道基本上还是一种民间宗教，被政府视为"鬼道""米巫"，仅仅流行于下层人民之中，且属政府严厉打击的对象。道教徒们的多次起义，就是为了反抗政府的迫害，以使五斗米道得到应有的合理地位。中平元年（184年）七月，"巴郡妖巫张修反，寇郡县。"[45]张修其人，前已提到。这次五斗米道起义很快被镇压了。中平五年（188 年），“巴郡黄中贼起，板楯蛮因此反叛。”[46]高敏先生认为：此处的“巴郡黄中贼”以及因此而引起的“板楯蛮夷”起义，都只可能是五斗米道起义。[47]这次起义同样为时不久很快即为政府镇压。刘焉为益州牧后，出于割据巴蜀的野心，招降纳叛，阴结异己。为此，一向被政府视为“妖道”的五斗米道为其所容，张鲁之母可以“往来焉家”，张鲁被刘焉封为督义司马，张修封为别部司马。[48]无可否认，五斗米道在此时是有所发展的。但是时间很短，随着张鲁割据汉中，刘焉“尽杀鲁母家室”[49]，五斗米道再次遭到沉重打击。除了汉中一带因张鲁所建的政教合一政权的庇护，五斗米道有所发展外，巴蜀之地的五斗米道始终处于压抑状态。魏晋时期，五斗米道的早期道派已经开始产生。《正一法文天师教戒科经》追述此时情况时说：“诸职男女官，昔所拜署，今在无几。自从太和五年（231 年）以来，诸职各自置之。”又说：“诸主者祭酒人人称教，各作一治，不复按旧道法，为得尔不”，以四川、汉中为例，张修与张鲁所传五斗米道就已经有了差异。《三国志·张鲁传》注引《典略》：“（张）修与（张）角略同。如施静室，使病者处其中忍过；又使人为奸令祭酒，祭酒主以老子五千文，使都习，号为奸令；为鬼吏，主为病者请祷。请祷之法：书病人姓名，说服罪之意，作三通，其一上之天，著山上，其一理之地，其一沉之水，谓之三官手书。使病者家出五斗米以为常，故号五斗米师。实无益于治病，但为淫妄。然小人皆愚，竟共事之。”

张修道派巫风浓厚，所谓天地水三官手书，实际上是一种原始留传下来的巫术。此特点的形成，与巴郡一带少数民族“敬信巫觋”有关。正是因为其派有浓厚的巫风，使得张修能顺利进行传道工作，巴郡之人“竟共事之”。

张鲁道派的情况略又不同。《三国志·张鲁传》：“（张）鲁遂据汉中，以鬼道教氏，自号师君。其学道者，初皆名鬼卒；受本道已信，号祭酒。各领部众，多者为治头大祭酒。皆教以诚信不欺诈。有病自宁其过，大都与黄巾相似。诸祭酒皆作义舍，如今之亭传。又置义米、肉，悬于义舍，行路者量腹取足。若过多，鬼道辄病之。犯法者三原然后乃行刑。不置长吏，皆以祭酒为治。氐夷信守之。”

同书注引《典略》：“及鲁在汉，因其民行修业，遂增饰之。教使作义舍，以米、肉置其中，以止行人。又教使自隐，有小过者当治道百步则罪除。又依月令，春秋禁杀，又禁酒。”

鲁、修二派有许多相似之处，这主要是因为张修曾在汉中传道，颇有影响，张鲁欲立足汉中，“因其民行修业，必须吸收一些张修道派的东西。但是，和张修相比，张鲁又有所“增饰”，如置义舍、犯法者三原乃行刑、春秋禁杀、禁酒等等。张鲁道派在汉中也是得到了很大发展的，并且逐渐发展为天师道正一派，成为道派正宗。

川西犍为陈瑞所创道派和以上二派则又不同。《华阳国志·大同志》：“(陈)瑞初以鬼道惑氏。一其道始用酒一斗、鱼一头，不奉他神，贵鲜洁，其死丧，产乳者，不百日不得至道治。……父母妻子之丧不得抚殡入吊及问乳病者。瑞自称天师，徒众以千百数。”

显然，陈瑞道派和二张道派区别较大。第一，此派没有要求道徒交纳五斗米，只是“酒一斗，鱼一头”；第二，张鲁道派“禁酒”，而此派不禁；第三，此派不许抚殡吊丧，问候乳病。陈瑞道派在川西一带也是很有影响的，“徒众以千百数”。有身份的官吏士大夫也多有信奉，“益州民有奉瑞道者，见官二千石长吏巴郡太守犍为唐定等。”[50]

永嘉五年(311年)在荆湘领导流民起义的杜弢，蜀郡成都人，“祖植，有名蜀士，武帝时为符节令；父聆，略阳护军。弢初以才学著称，州举秀才”。[51]唐长孺先生按：杜弢被举秀才，照当时惯例，应是士族。然而，就是这样一个出身名门的儒士，同样避免不了是陈瑞道派徒众的嫌疑。陶侃与杜弢相攻之时，杜弢使工贡出挑战，侃遥谓之曰：“杜弢为益州小吏，盗用库钱，父死不奔丧。卿本佳人，何为随之。”[52]少毋此条记载，值得注意的是“父死不奔丧”一句。杜弢出生仕宦之家，从小受到严格的礼义教育，本人又被州举秀才，为乡里名士，一般是很难干出有违礼义的事的。所以，依常理而断，杜弢“父死不奔丧”是不合情理的。此外只有一种解释，即杜弢为陈瑞道派教徒，因为此派恰恰是“父母之丧不得抚殡入吊”。以陈瑞道派的影响而言，川西一带的五斗米道徒与其发生联系是极其自然的现象。那么，“依青城山”的范长生也就应该和陈瑞道派有着或多或少的联系，是其徒众也未可知。二者之间应该不是毫无联系。

前面说过，魏晋时期的五斗米道基本上属于邪教，为政府所不允。这样，一方面是政府的残酷打击，抑制其发展；一方面是早期道派的逐步形成，急需发展，二者之间必然产生不可调和的矛盾。而且，这个矛盾只会不断加深。陈瑞道派尽管在川西一带影响很大，同样逃脱不了被打击的命运。咸宁三年（277 年）春，“刺史（王）濬诛犍为民陈瑞，瑞初以鬼道惑民，……濬闻，以为不孝，诛瑞及祭酒袁族等，焚其传舍。益州民有奉道者，见官二千石长吏巴郡太守犍为唐定等皆免官除名。”[53]益州刺史王濬的这次行动，对川西一带的五斗米道徒无疑是一个沉重打击，杀其首领，焚其传舍，乃至信道郡守也免官除名。这样一来，加剧了蜀中五斗米道徒对西晋地方政权的不满。不仅如此，“蜀中山川神祠，皆种松柏。濬以为非礼，皆废坏烧除，……又禁民作巫祀。于是蜀无淫祀之俗，教化大行”。[54]废除神祠，尤其禁民巫祀，直接破坏了五斗米道传播的基础，蜀中道教徒与西晋地方政权的矛盾于是更加激化。正是基于这个原因，五斗米道的首领们渴望一个能够使之合法化、使其飞速发展的地方政权出现。

范长生是一个五斗米道徒，且是一个颇有影响的宗教领袖，李氏父子所率賨人又特别笃信五斗米道，以这样的基础建立一个政权，正是像范长生这样的五斗米道首领所理想的。这就是范长生所以支持李氏的核心所在。惠帝太安二年（303 年）李雄进入成都，欲迎范长生为君而臣之，范长生拒绝了，更劝李雄自立。而李雄一旦称帝，立刻在以范长生为丞相的同时，加号“天地太师”。于是，五斗米道遂由非法变成合法，邪教变成正教。关于这点，范长生当然是讳莫如深的。只要我们看看下面材料，就可以印证如上判断：

“永和初，桓温征蜀…（周抚）以功迁平西将军。隗文、邓定等复反，立范贤子贲为帝。初，贤为李雄国师，以左道惑百姓，人多事之。贲遂有众一万。抚与龙骧将军朱焘击破，斩之。”[55]由于范长生以“国师”身份传道，使咸宁以来大伤元气的道教迅速复苏，“人多事之”。到成汉政权破灭之余，其子尚能凭其声名号召党徒，“有众一万”，并被推尊为帝。这里不是正好披露了范长生率先归附李氏的真实意图吗？

桓温平蜀三十五年以后，“太和中，蜀盗李金银、广汉妖贼李弘并聚众为寇，伪称李势之子，当以圣道王，年号凤凰。”[56]东晋建立前后，道教徒中出现这样的谶言：大劫将临，太上老君化身李弘降临人间，做太平圣君。于是，许多道教徒往往自称李弘，以扩大影响。李势为成汉政权第四代王。事过数十年，道教徒们仍然伪称李势之子，可见成汉政权在道教徒心目中的影响之深远。这似乎又反过来为范长生所以支持李氏提供了一个远证。

总之，范长生不仅是一个五斗米道徒，且是道教领袖，而李氏所率六郡流民，大多为特别信奉五斗米道的巴西賨人。基于这种宗教原因，范长生毅然下山归附李氏，支持其建立了成汉政权。同时，蜀中五斗米道也因为范长生成为“国师”得到了很大发展。永和年间发生的蜀中道教徒暴动，我们不能不说与范长生在成汉政权的活动有关。

※ 注释：

① 载《魏晋南北朝史论丛》，三联书店，1955年。

② 载《魏晋南北朝史论丛续编》，三联书店，1959年。

③《华阳国志·李雄志》。

④⑱《晋书·孙恩传》。

⑤ 钟国发：《前期天师道史论略》，载《中国史研究》，1983年第2期。

⑥《晋书·哀帝纪》。

⑦⑭㉖《晋书·李雄载记》。

⑧⑩㊵杨千廷：《李冰父子·伏龙宫观》，载《中国寺庙掌故与传说》，中国展望出版社，1958年。

⑨《十六国春秋辑补》。

⑪《三国志·蜀后主传》《三国志·邓芝传》。《华阳国志·巴志》为十三年（250年），当误。

⑫㊶《华阳国志·巴志》。

⑬㊷㊸㊹唐长孺：《范长生与巴氐据蜀的关系》，载《魏晋南北朝史论丛续编》，三联书店1959年。

⑮《魏书·李雄传》。

⑯《宋史·地理志》。

⑰《水经注·江水注》。

⑲《晋书·王羲之传》。

⑳《晋书·杜京产传》。

㉑《后汉书·刘焉传》（李贤注）；陆游：《老学奄笔记》卷6。

㉒《太平御览》卷 123。

㉓㊴《晋书·李流载记》。

㉔《太平寰宇记》卷 73《道书福地记》。

㉕《太平寰宇记》卷 73《玉遗记》。

㊳ ㊽《三国志·张晋传》。

㊺《后汉书·灵帝纪》。

㊼高敏:《汉末张鲁问题史实考辨》,载《中国农民战争史论丛》第二辑。

㊽《三国志·刘二枚传》。

㊿《晋书·杜弢传》。

(52)《资治通鉴》卷 89“晋愍帝建兴三年八月”。

(55)《晋书·周抚传》。

(56)《晋书·周楚传》。

原文载《云南教育学院学报(对外汉语教学与研究版)》,1989 年第 3 期。

作者介绍:段玉明,男,1958 年生于四川成都,香港中文大学现代语言与文化系(今文化与宗教系)哲学博士,现为四川大学道教与宗教文化研究所教授、佛教与社会研究所所长、博士生导师、四川省学术和技术带头人。多年来一直致力于中国古代历史与文化研究,主攻宗教历史与文化,先后公开发表学术论著 300 多万字,著有《寺庙与中国文化》《西南寺庙文化》《中国寺庙文化》《中国寺庙文化论》《中国各民族年节祭会大事典》(合编)《相国寺在唐宋帝国的神圣与凡俗之间》《指空最后一位来华的印度高僧》《中国市井文化与传统曲艺》《宋蒙(元)关系史》(合著)《大理国史》等专著多种。这些论著多次被国内《新华文摘》《中国历史学年鉴》《中国史研究动态》《人大复印资料》《宋史研究通讯》《Frontiers of History in China》、台湾《新史学》以及日本《中国史学》、法国《Reyue Bibliographique150de Sinologie》、美国《Journal of Chinese Religions》等刊物转载、评论与介绍,并多次获得各种社科论著奖励。其中,寺庙文化系列与大理国史研究尤其引起国内外学者的普遍关注,被许多大学列为宗教史、民族史的必读参考书籍。

（三）道教在巴蜀初探（节选）

卿希泰

…………

3. 巴蜀地区是早期道教两次政治实践的根据地

道教有很丰富的政治思想，非常值得我们系统地研究。王明先生在晚年所留下的遗作《道家与传统文化研究》一书的《自序》中即明确地指出道教与政治思想的关系是一个首先值得特别注意的问题。他说："东汉早期道教的形成，像太平道、五斗米道，都与当时的社会政治密切相关。汉末农民起义军黄巾的领袖就是太平道的创始人张角。五斗米道也参加当时的反抗封建统治的活动。这些决不是偶然发生的现象。早期道教经典《太平经》里还保存着一些宝贵史料，反映当时农民的愿望，如主张自食其力、反对残酷剥削、劝人救穷周急等。这是道教典籍里极其罕见的思想言论，在尔后神仙道教的发展史上，再也不见这样类似的进步议论了。"[84]王先生的这些语重心长的话，可说是给我们道教研究者留下的宝贵遗嘱，应当认真对待。特别是早期道教在政治思想方面，不仅留下有丰富的思想言论，而且还有将他们的思想言论付诸行动的政治实践。在这些政治实践中，他们凭借其前后两次所建立的政教合一的地方割据政权，用以全面推行他们的政治主张，并取得了成效，更具有十分重要的典型意义，是我们研究道教政治思想的活样板和宝贵资料。这两次政教合一的地方割据政权，就是指由张鲁于东汉末年在汉中地区所建立的政权和由李雄于西晋末年在成都地区所建立的政权。据《后汉书》郡国志的记载，东汉时候的汉中地区，乃是属于益州，[85]故二者均在巴蜀的范围。

据史书记载，东汉末年，张鲁据守汉中以后，即以鬼道教民，自号师君。其来学道者，初皆名鬼卒。受本道已信，号祭酒。各领部众，多者为治头大祭酒。皆教以诚信不欺诈，有病自首其过。不置长吏，皆以祭酒为治。[86]实行政教合一，即以五斗米道来推行其治理，并十分注重对民众的道德伦理思想的培养和教育，要求他们要以诚信不欺诈作为自己的信条。此外，他还叫诸祭酒各起义舍于路，在大路上设立公共宿舍，供过路的人住宿，里面备有义米、义肉，让行路者量腹取足，不收任何费用。民有不老实隐瞒了自己的小过的，罚修路一百步就算了。（注：《太平经》说，修道路，取兴大道，以类相占，渐置至太平。）王明《太平经合校》15页的说法，可用以说明修路补过的宗教意义。犯了法的，以说服教育为主，先原谅三次，不给处分，再不改正，仍继续犯法的，然后乃行刑。又依月令，春夏禁杀生物，又禁止酿酒。（注：在《太平经》里也有禁酒的主张，这可能与当时粮荒这一社会现实有关。）东汉后期，在封建统治者残酷的剥削和压迫下，广大农民大批破产，流离失所，痛苦不堪，对比之下，张鲁这些政治和经济的措施，不仅深深地受到了广大汉族人民群众的拥护和支持，而且还得到了巴夷少数民族的拥护和支持。所以，范晔和陈寿也不得不同声称赞说：民夷信向[87]或民夷便乐之[88]，朝廷不能讨[89]。张鲁以五斗米道雄据汉、川将近30年，汉中成了人民群众避难的乐土，关西人民逃来避难的前后达数万家之多。建安二十年（215年）曹操亲自率领10万大军西征张鲁，遭到当地少数民族氐人的顽强抵抗，最后终于寡不敌众，全部被曹操所屠杀。尽管最后张鲁是向曹操投降了，但从当时他的那些政治和经济措施所取得的实际效果来看，应当说这是早期道教所进行的一次成功的政治实践。

西晋时在汉川地区领导流民起义的李特、李雄，其祖辈本属信奉张鲁五斗米道的巴西宕渠，故城在今四川渠县东北之賨民。张鲁居汉中，以鬼道教百姓，賨人敬信。值天下大乱，自巴西之宕渠移入汉中。在曹操消灭张鲁的汉中政权以后　其曾祖李虎即与张鲁之教的信奉者杜濩、朴胡、袁约、杨车、李黑等移于略阳北土，复号曰巴氐[90]。永宁元年（301年）十月，当李特起义时，即与蜀民约法三章，施舍赈贷，礼贤跋滞，军政肃然，蜀民大悦[91]。与当时西晋王朝的平西将军益州刺史罗尚的专横跋扈、为非作歹、无恶不作、到处杀流人首领、取其资货、并于诸要施关，搜索宝货[92]，为蜀所恨的状况形成了鲜明的对比。故蜀民称："尚之所爱，非邪则佞，尚之所憎，非忠则正。富拟鲁卫，家成市里，贪如豺狼，无复极已"。李特起义后，他们又为歌谣说："蜀贼尚可，罗尚杀我，平西将军，反更为祸。"[93]在广大四川人民的支持下，李特所率领的起义军于太安二年（303年）正月即攻占了成都少城。

惟取马以供军，余无侵掠[94]，纪律严明，居民安堵。在李特壮烈牺牲之后，其子李雄统领部众继续坚持斗争，经过浴血奋战，于同年闰十二月攻入成都，罗尚弃城夜遁，李雄遂占领益州。永兴元年（304年）冬十月，李雄自称成都王。永兴二年（305年）六月称帝[95]，国号大成。传至三世李寿，改国号为汉，故史称“成汉”。这次起义之所以胜利，巴氐李氏之所以建国，与青城天师道首领范长生的积极支持是分不开的。李、范二氏之间，本有宗教信仰的联系，当李特于新繁战败被杀，义军处于官军几路进攻之中，加上义军粮食匮乏，士众饥困，情况非常危急之际，范长生便及时出来支持义军，对于挽救这一危机，起了极为重要的作用。李雄在范长生的支持下继续率领义军攻入成都建立政权之后，本欲迎立范长生为君而臣之，但因长生固辞，并劝雄称尊号，而诸将亦固请雄即尊位，雄乃即帝位，尊范长生为四时八节天地太师，拜为丞相。李雄在位30年，在范长生的辅助下，刑政宽和，事役稀少，甚得人民的拥护。史称其虚已受人，宽和政役，“远至迩安，年丰谷登，乃兴文教，立学官。其赋，男丁一岁谷三斛，女丁一斛五斗，疾病半之。户调，绢不不过数丈，绵不过数两。事少稀役，民多富实。至乃闾门不闭，路无拾遗，狱无滞囚，刑不滥及”[96]。而且国无威仪，官无禄秩，班序不别，君子小人服章不殊”[97]，废除了封建王朝那一套繁文缛节的朝仪和森严的等级，保持了劳动人民平等质朴的作风。特别是他不仅兴学校，置史官，而且还在听览之暇，手不释卷。[98]足见他对文化事业的高度重视，并能够以身作则。由是夷夏安之，威震西土。时海内大乱，而蜀独无事，故归之者相寻。”[99]可见，这个从农民起义中产生出来的成汉政权，完全和张鲁雄据汉川时的民夷便乐情况一样，成了当时全国战乱纷争之中的乐土，为少数民族和汉族广大人民所共同向往，这可说是早期道教所进行的又一次成功的政治实践。这次政治实践，从李特以西晋永宁元年（301年）起兵，至东晋穆帝永和年（347年）三月李势为晋大司马桓温所灭，凡经六世47年，故成汉政权存在的时间比张鲁政权存在的时间还长。特别值得注意的是，早期道教前后两次政治实践所推行的一些具体措施，都和《太平经》的一些主张颇为相似，这一些情况说明王明先生嘱咐我们在研究道教思想史的时候，对于道教的政治思想是一个首先值得特别注意的问题，的确是非常正确的。

…………

综上所述，可以得出下列几点认识：

第一，古代的巴蜀文化与道教有着极为密切的关系，它的许多内容均为道教所吸取，成为道教思想的重要源泉之一。

第二，在道教的发生、发展过程中，巴蜀地区既是早期道教五斗米道的发源地，又是他们先后两次在这里建立政治实践的重要根据地，将他们的政治主张在这里付诸实践，并取得了很大的成功，在汉族和少数民族中都产生了极大的影响，受到了人民群众的广泛支持。虽然这两个根据地都先后被统治者所摧毁了，但却使这里成为道教孳生和成长的沃土，后来，许多重要的道派，均在这片道教的沃土上得到了传播和发展。

第三，蜀中的许多神仙传说和神仙故事，均可为道教所吸收，成为道教产生和发展的重要因素。

第四，从古到今，蜀中的高道和道教学者不断涌现，许多外地出生的高道和道教学者也云集在巴蜀地区传道和著书立说，从而使巴蜀地区成为道教人才的荟萃之所，为弘扬道教文化，促进道教思想理论的发展，起了极为重要的作用。根据以上情况，我们可以说：巴蜀文化在道教的发生和发展过程中曾经产生过重大的影响，起着重大的作用。

在 21 世纪里，随着世界经济向全球化方向发展和各国人民相互往来的日益频繁，在文化发展方面，也将走向东西方文化的相互沟通、相互交流的局面。而道教文化乃是中华传统文化的主要支柱之一，借用鲁迅先生的话来说，它乃是中华传统文化的根柢，可称之为东方文化的瑰宝，其中许多的合理思想，可以纠正西方文化中的严重失误，值得西方文化的借鉴和吸取，并为全人类带来真正的幸福。因而，在当前大力加强道教文化的宣传，乃是非常必要的。为此，我希望巴蜀地区的广大学者能继续发挥巴蜀文化的传统，和全国、全世界的学者一道，为弘扬道教文化作出自己应有的贡献。

※ 注释：

㊹ 王明：《道教与传统文化研究》，中国社会科学出版社，1995。

㊺《后汉书·志第二十三郡国五》。

㊻㊽《三国志·卷八·张鲁传》。

⑧⑦⑧⑨《后汉书·刘焉传》。

⑨⓪⑨⑥⑩③ 任乃强:《华国志校补图注》，上海古籍出版社，1987年，483、485、118页。

⑨①《资治通鉴·卷八十四·晋惠帝永宁元年十月》。

⑨②《晋书·李特载记》。

⑨③《晋书·罗宪传附尚传》。

⑨④《资治通鉴·卷八十五·晋惠帝太安二年正月》。

⑨⑤《华阳国志》,《资治通鉴·光熙元年六月》。

⑨⑦⑨⑧⑨⑨《晋书·李雄载记》。

出版源:《社会科学研究》，2004年第6期。

作者介绍：卿希泰，四川三台县人，1928—2017年。中共党员、四川大学法律系本科、中国人民大学哲学研究生毕业。曾先后负责创建四川大学哲学系和宗教学研究所，担任四川大学哲学系党总支书记、副系主任，副教授，宗教学研究所所长、教授。现任四川大学文科杰出教授（院士待遇），“985”工程“宗教与社会研究”创新基地首席专家，四川大学公共管理学院教授委员会主席，宗教所名誉所长、教授、博士生导师、《宗教学研究》季刊主编。兼任中国宗教学会副会长、全国宗教学学科规划组（学科评审组）副组长、全国首届高等学校哲学学科教学指导委员会委员、四川省首届哲学学科学术带头人、四川省社会科学界联合会顾问、四川省国际文化交流中心顾问。为《宗教词典》与《中国大百科全书·宗教》卷编委兼道教分支学科主编。主持国家社科重点项目2项、教育部重大项目1项，教育部项目多项。有专著《中国道教思想史纲》（3卷）、《中国道教史》（4卷）等15种，论文100余篇，获国家级、教育部和省政府社科成果一、二等奖7项。

（四）賨族与道教及大成国的关系探析

曾维加

道教创建于巴蜀地区，其地除了有悠久的宗教文化历史之外，多民族聚居的特点也为道教创建和传播提供了信仰基础。巴蜀地区的少数民族多信仰巫教，其中以氐、羌、苗等部落为最。《山海经》记载的“巫彭”“巫氏”“巫阳”“巫谢”“巫罗”等都为巴濮族之大姓，皆氐羌族系。故向达先生认为，张陵在鹤鸣山学道，所学的道即是氐羌的宗教信仰，以此为中心，而缘饰以《老子》五千文。正因为道教的思想源出西南少数民族，所以后来的李雄、符坚、姚苌以及南诏、大理，才能靡然风从，受之不疑。本文在分析道教与西南少数民族有密切关系的基础上，着重探讨賨族及其所创建的大成国与道教之间的关系。

1. 道教与西南少数民族的关系

关于创立于蜀地的五斗米道与当地少数民族的关系，前人已作过很多研究。蒙文通先生认为，五斗米道原为西南少数民族宗教，汉末西南民族向北迁徙，氐人等民族北入汉中及汉水上游，五斗米道亦于此时传入汉中。据《晋书》记载，永嘉三年秋七月辛未，平阳人刘芒荡自称是汉皇室后裔，诱骗羌戎等少数民族与其一同起事，并在马兰山僭称帝号。支胡五斗叟、郝索聚众数千，屯兵新丰，与芒荡联合。后征西大将军、南阳王模派遣其大将淳于定破刘芒荡、五斗叟，并斩之。“叟”，即为西南少数民族之称，故“五斗叟”当为信奉五斗米道的少数民族。

对于巴蜀道教的民族性，可以从以下几个方面分析：首先，五斗米道的创立包括有西南少数民族的巫教及神仙信仰成分。如《山海经》中就有对西南少数民族如氐羌苗等信仰巫鬼的记载。又如《后汉书》中说“都夷者，武帝所开，以为都县。其人皆被发左衽，言语多好譬类，居处略与汶山夷同。土出长年神药，仙人山图所居焉”。张陵在此创教，难免不受少数民族原始巫教的影响，吸收其中某些内容，以便更多地招徕少数民族信奉。因此，可以说道教正是创建在少数民族信仰之上。

其次，巴蜀道教的信仰者在当时应该多为少数民族。先秦时，巴蜀为少数民族部落居住地。巴与蜀既是两个部国，又是巴族、蜀族及其所属众多民族聚居之地。据《华阳国志》记载，巴地有“濮、賨、苴、共、奴、獽、夷、蜑之蛮”，而蜀地则有“滇、僚、賨、僰、僮、仆”等部族。实际上，还不止这些民族，比如蜀境内还有邓、乍、冉、陇、青衣等民族；巴境内还有称为“槃瓠种”的少数民族。因此，当张陵在蜀地创道时面对的多是当地少数民族。《弘明集·玄光法师辩惑论》认为张鲁在汉中传播五斗米道“大集祭酒及诸鬼卒”，正是因为其信奉者大多为氐夷，故称其为“鬼卒、鬼民、鬼吏、鬼道”。可见，当时道教的传播对象多为少数民族。

再者，从道教的道经来看，其所传教的对象是面对芸芸众生，不分族别。《太上玄灵北斗本命延生真经》中说，太上老君对生在中华的众生与生在夷狄之中或生在蛮戎之内的众生所受的苦难一样哀悯，于是分身教化，化身下降。意图广宣要法，普济众生。因此，无论是哪一个民族的人，只要能心修至道，就能渐人仙宗，从而永离轮回，超升成道。这充分体现了道教对包括少数民族在内的平等态度。曹魏时的《正一法文天师教戒科经》亦是将夷人、胡人与汉族百姓一道，纳入了种民的选择范围之内，经里还描写了胡人叩头数万，凳头剃须，愿信真人的信奉道教场景。《灵宝无量度人上经大法》说九皇夫人掌管下元八极贵贱，“凡人世四夷八蛮、九州十道、六戎五狄”之人，都在其救度范围。

另外，道教的神仙谱系中的天神还保留了少数民族的信仰，如《赤松子章历》里认为，东南西北四个方位有“九夷君、八蛮君、六戎君、五狄君”等源于少数民族的天神，他们与位于中央的汉族天神“三秦君”一样，起着保护世人、驱逐妖邪、造福人类的作用，并且将汉族传统的五帝信仰及天干与之搭配，形成“东方青帝甲乙九夷君”“南方赤帝丙丁八蛮君”“西方白帝庚辛六戎君”“北方黑帝壬癸五狄君”“中央黄帝戊己三秦君”等融合汉族与少数民族信仰的称谓。

总之，道教是结合西南少数民族信仰而创立的，这已被学术界公认。不仅如此，道教在创立后还与西南少数民族有着千丝万缕的联系，一直在其中传播着。而西南少数民族对道教的信仰也是道教文化中重要的部分。

2. 賨族与五斗米道的关系

賨是秦汉时西南少数民族之一，其主要居住于今重庆渠县，“东有巴賨，绵亘百濮”，表明賨族原为濮人的一支。常璩《华阳国志·巴志》记载：“宕渠盖为故賨国，今有賨城。”又说：“阆中有渝水，賨民多居水左右，天性劲勇。”《舆地纪胜》对賨族的记载是：“巴西宕渠（今渠县），其人勇健好歌舞，邻山重叠，险比相次，古之賨国都也。”北魏郦道元《水经注·潜水》说：“县以延熙中分巴立宕渠郡，盖古賨国也，今有賨城。”由此可知，賨人勇健好斗，曾经以部族的力量在巴地为数众多的少数民族中建立过自己的国家。

賨族古称为板楯蛮，因其族在战场上善于使用木板盾牌而闻名。秦及西汉政府对板楯蛮实行特别宽大的政策，刑罚从轻，赋税从轻，并允许板楯蛮以自己的土产品“賨布”来代替赋税，《说文·贝部》“賨，南蛮赋也”，《晋书·李特载记》“巴人呼赋为賨”，即是指此。后来人们就以賨来称其部族。賨族好勇善战，曾帮助周武王讨伐商纣，后又帮秦王平定白虎之患，秦统一巴蜀后，他们受到了特殊优待。据《后汉书·南蛮西南夷列传》载：板楯蛮夷者，秦昭襄王时，有一白虎，常从群虎数游秦、蜀、巴、汉之境，伤害数千人。昭王乃重募国中有能杀虎者，封邑万家，赏赐金帛。时有巴郡阆中夷人，能作白竹之弩，乃登楼射杀白虎。昭王嘉之，而以其夷人不欲加封，乃刻石盟要，复夷人顷田不租，十妻不筭；伤人者论，杀人者得以倓钱赎死。盟曰：“秦犯夷，输黄龙一双；夷犯秦，输清酒一钟。”夷人安之。至高祖为汉王，发夷人还伐三秦。秦地既定，乃遣还巴中，复其渠帅罗（《风俗通》作卢）、朴、昝（《风俗通》作沓，《华阳国志·巴志》作昝）、鄂、度、夕、龚（《风俗通》讹作袭）七姓，不供租赋，余户乃岁入賨钱，口四十。世号为板楯蛮夷。

賨人敬信鬼神，常“祭鬼以祈福”[②]，《华阳国志·巴志》中的“好古乐道之诗”曰：“日月明明，亦惟其名。谁能长生，不朽难获。”可以说是賨人对浩瀚宇宙的苦苦思索、对人生短暂的无奈叹息。因此，当追求长生成仙的道教兴起时，賨人对生命的追求终于找到了信仰的寄托。

兴平元年（191年），刘焉死，其子刘璋接任益州牧，张鲁等因刘璋软弱无能，于是“稍骄于汉”，在汉中割据，并以五斗米教的教义、教法统治人民，成为政教合一的地方势力。张鲁占据汉中及巴郡部分地区后，吸取了中平年间蜀中黄巾军马相起义失败的教训，不称天子，不任命官员，而是用一整套教职来取而代之。张鲁自称“师君”，其下为治头大祭酒，再下为祭酒，鬼卒。他们废除旧有法律，以廉耻、诚信教育管理人民。对犯法者，令其修路补过，三次不改则杀之，祭酒等在为人治病时令其自首其过，以此教化人民。张鲁还作《老子想尔注》教化人们，称“奉道诫，积善成功，积精成神，神成仙寿”。[③]这种修道成仙的理论对于追求福寿长生的少数民族来说无疑是一剂良药，成为他们精神信仰的理论向导，因此当地百姓及附近地区的许多少数民族，都相继信奉五斗米道，趋附者日渐增多，其中就包括賨人在内。据《晋书》记载：“汉末，张鲁居汉中，以鬼道教百姓，賨人敬信巫觋，多往奉之。值天下大乱，自巴西之宕渠迁于汉中杨车坂，抄掠行旅，百姓患之，号为杨车巴。”当时巴郡的一些賨族部落首领如杜濩、朴胡、袁约等也都率族人前往汉中投靠张鲁。得到了少数民族支持的张鲁，势力迅速扩大。建安五年（200 年），张鲁袭杀同在汉中的张修，兼并其部众，单独控制汉中。后杜、朴等贵族首领投降曹操，分别被封为巴东、巴西太守。

3. 大成国与五斗米道的关系

元康八年（297 年）的关中大饥荒，使得略阳、天水等 6 郡的十几万流民不得不背井离乡，纷纷涌入当时比较富足的蜀地。其中有一族人，便是賨人后裔巴氐人李特和他的兄弟李流、李庠等人。李氏乃巴氐部人，《晋书·李特载记》说：“李特，字玄休，巴西宕渠（故城在今四川渠县东北）人，其先廪君之苗裔也。”廪君即古代巴人，《资治通签》卷八十二晋惠帝元康八年九月记载说：“初，张鲁在汉中，賨人李氏自巴西宕渠往依之。”可见李氏的祖辈当为居住于今重庆渠县一带的賨人，后迁往汉中信奉五斗米道。《晋书·载记》说李特曾追尊其母昝氏为皇太后，而昝姓则为賨族大姓，可见李特当为賨人。又《华阳国志》卷九载李特弟李骧、李特孙李稚皆娶昝女，而李特及其长子李荡又都娶賨族大姓罗姓之女为妻，都可证明李氏正是賨人。后来“魏武帝克汉中，特祖（武）将五百余家归之，魏武帝拜为将军，迁于略阳北土，复号之为巴氐”。[④]略阳在秦岭南麓，是陕甘川三省交界地带，离早期五斗米道的汉中传教中心不远，可见李特祖辈在投降曹操后仍然生活在五斗米道的传播区域，保留着五斗米道的信仰。“特之党类皆巴西人”，巴西为道教传播地，张鲁的信众就多在巴西，可见跟随李特的当有不少是五斗米道的信徒。《北史》卷六十六《泉仚传》记载的“巴俗事道，尤重老子之术”，就是道教在巴氐及其他少数民族中有着广泛影响的真实写照。

以信奉五斗米道的賨人进入蜀地后，被当时的益州刺史赵嵚看中，想利用其力量达到自己割据一方的目的。但当赵嵚独据益州后，又害怕李氏兄弟的威望，于是把李特的三弟李庠给杀了。李特起兵反赵，击溃赵氏的部下费远等人的各部人马，顺势攻入成都，赵嵚带着一家老小仓促出逃，结果被手下人所杀。后朝廷任命梁州刺史罗尚为益州刺史，进入益州，李特则屯兵于绵竹一带，并且设立大营收留流民。晋惠帝太安二年（303 年），李特渡江大败罗尚，罗尚退守太城，向李特求和，李特以为蜀中已定，并不做防备。罗尚军乘着李特的军队分散在各地，带兵突袭李特的营地，由于晋军势盛，各村落纷纷反叛，李特的军队被打得大败，李特在乱军中被杀，李流、李雄各自退守。后众人推李特之子李雄为主，李雄的军队又接连战胜罗尚，最后攻下成都，将罗尚赶出益州。到了第二年，也就是刘渊起事的永兴元年，李雄自称成都王，改元建兴。而当时西晋王朝内部正因为“八王之乱”而无暇西顾，蜀中得到了暂时的安定。两年之后，也就是晋惠帝光熙元年（306 年），李雄又即皇帝位，改元晏平，国号大成，他便成为十六国中第一个自称皇帝的人。

李氏为早期五斗米道信徒，大成国的建立及其统治也与五斗米道有密切关系，其中有一名叫范长生的五斗米道道徒在大成国中担任过重要角色。范长生，又名延久、九重、支，字符，涪陵丹兴人。范姓为賨人大姓，汉高祖刘邦起兵时就有阆中賨人范目为其招募賨民讨伐暴秦。后秦地既定，范目受封为阆中慈乡侯，后又受封为渡沔侯。賨民皆思归，刘邦嘉奖賨民所立的战功，对范目说：“富贵不归故乡，如衣绣夜行耳。”于是准许賨民回归故里，并免除赋税若干。据唐长孺先生在《范长生与巴氏据蜀的关系》一文中考证，范姓乃涪陵豪姓大族，于延熙十一年被迁往蜀地。而涪陵在两晋时为蛮族聚居之地，因此唐先生推论，范长生的先世很可能是涪陵少数民族，蜀汉时迁居于蜀郡青城山下，成为当地拥有大批部曲的地主。不仅如此，据史料记载，范长生还是一个宗教领袖，据《太平御览》卷一百二十三引《十六国春秋·蜀录》说：“长生善天文，有术数，民奉之如神。”范长生居住于道教洞天福地青城山，再加上蜀中五斗米道相当流行，可以相信范长生当为五斗米道首领。正是由于种族以及宗教上的特殊原因，范长生从起义时就大力支持李氏军队，政权成立后则尽力辅助，也正是因为如此，道教与李氏政权结下了不解之缘。

4. 大成国的道教组织系统分析

五斗米道在蜀中具有庞大的组织系统，它能够很好地凝聚信众，并通过其组织传播其宗教思想，同时还可以协调信徒与信徒之间、信徒与社会之间的关系。通过其组织的协调作用以增强信众群体的凝聚力，使信徒能从感情上的聚合上升到精神上的信仰。早期五斗米道的组织结构与后来的道教不同，其首领与信徒之间有着很强的人身依附关系，这种关系在很大程度上则是由“部曲”制度造成的。

“部曲”，最早见于《汉书·李广传》，说李广作为大将军，出征时没有“部曲”为他摆仪仗。在《后汉书·百官志》中，对“部曲”一词就有了明确的解释：“将军……其领军皆有部曲，大将军营五部，部校尉一人……部下有曲，曲有军侯一人。”可见，“部曲”原来是一种军队的编制。后来随着“部曲”形态的演变，其含义也逐渐变化为世家巨族的私人武装。《三国志·魏书·卫凯传》载：“时四方大有还民，关中诸将多引为部曲。凯书与荀或曰：‘关中膏胶之地，顷遭荒乱，人民流入荆州者十万余家，闻本土安宁，皆企望思归。而归者无以自业，诸将各竞招怀，以为部曲。郡县贫弱，不能与争，兵家遂强。’”可见，三国时豪族所拥有的部曲数量十分惊人，就连地方政府也不能与之争。自永嘉之乱后，留在北方的世家豪族，纷纷建立坞堡壁垒进行自我保护，大量投靠他们的自耕农也就成为部曲，他们平时耕田，战时作战，对世家豪族有很强的人身依附关系。至此，“部曲”已与“家奴”相似，一旦投靠豪门世家，就不再是国家的编户齐民，不向政府交纳租税和担负摇役，而对豪族则有很强的人身依附关系。《隋书·食货志》载，魏晋南北朝佃客对国家“皆无课役”。部曲也“不预军征”。部曲制是父死子袭，只有通过放免或自赎的手段，才能摆脱对豪族的人身依附关系，重新成为自耕农。《晋书·元帝纪》和《宋书·武帝纪》中都曾记录了免部曲为平民的诏令。由此可见，部曲是两晋时期主要的劳动生产者，对世家豪族有很强的依附性。

五斗米道在蜀地传播时，部曲就是一种重要的组织力量。五斗米道的首领张鲁作为当地豪族，拥有大量部曲。《三国志》在记述璋、鲁交恶时说：“鲁部曲多在巴西，故以羲为巴西太守，领兵御鲁。”刘璋为了防御张鲁在巴西的部曲作乱，派好友庞羲领兵镇压，可见张鲁的部曲与张鲁之间有着密切的关系，张鲁能够直接控制其部曲，甚至能要求其起兵造反。从张鲁在汉中施行政教合一的统治看来，张鲁的部曲除了以上的含义之外还多了一层意思，即部曲还是一种宗教组织形式。可以说张鲁与其部曲的关系，既是地主和农民的关系，又是天师、师君和米民、信众的关系。

两晋时社会的动荡，移民增多，这种靠人身依附关系来维持的宗教传播方式又重新发挥了重要作用。据《晋书·李流载记》载："涪陵人范长生率千余家依青城山。"可见，范长生家是当地的大族，其下有部曲上万人。这些部曲成了范长生传播道教的首要对象，由于部曲对大族的人身依附关系，范长生的宗教信仰能够顺利地传播到其信众当中，从而取得很好的传播效果，使"民奉之如神"。也正是由于范长生有如此多的部曲，才能够在李流危难时出手相助，"资给流军粮"，从而扭转败局。为此在李雄称帝之后，封范长生为西山侯，"其部曲不豫军征，租税一入其家"。⑤

由此可见，大成国时期道教的一个重要组织特点是五斗米道首领通常为地方豪族，其手下有为数众多的依附部曲。"部曲"对于主人的人身依附关系，是封建制度下农民对于地主在经济上的依附关系所带来的必然结果，而这种结果给道教带来了在传播组织上的一种新的结构。这种结构能保证道教拥有数量稳定的传播对象，而且由于战时的人口流动使得道教首领拥有的部曲数量不断增加，从而扩大了道教传播的范围。同时，由于经济上的依附使得这种道首与教民的关系十分稳固，这也可以说是大成国以道教立国、政通人和的原因之一。

5. 大成国的道教治国方略分析

在李雄大成国期间，政宽人和，事役稀少，社会稳定。可见，这个从农民起义中产生出来的大成国，完全和张鲁雄据汉中时的"民夷便乐'情况一样，成了当时全国战乱纷争之中的乐土，为少数民族和汉族广大人民共同向往。大成国之所以能在乱世中建立一个如此稳固安定的地方政权，与其以道教作为社会统治的指导思想分不开。

李氏政权以道教作为其统治思想纲要。史载"李雄笃信术数，求道养志"，拜范长生为丞相，尊称为"范贤"，后加拜范长生为天地太师，将治理国家的大权交由其手上，由此开始了第二次以道教统治蜀地的历史。《晋书·周访传·附子抚传》说："初，贤为李雄国师，以左道惑百姓，人多事之。"可见，他在群众中很有威信，拥有不少信徒。范长生通《老子》《周易》，因此，在其任丞相治理蜀地时多用老子之道及《周易》中的思想来管理和治理国家。作为五斗米道的首领，范长生精通《老子》的道教治国之术，用以"道"为本的自然主义方式来治理国家。《老子》的"道法自然"的思想被范长生运用在治国上就体现成"无为"的概念。何谓"无为"？冯友兰先生认为"无为"包括少为或寡为、率性而为、因势而为、顺理而为、无为而无不为。范长生的无为而治印证了无为的这几个层次。他治理蜀地时减役宽政，史称"简刑约法，甚有名称。……其赋，男丁岁谷三斛，女丁半之；户调，绢不过数丈，绵数两。事少役稀，百姓富实"。[⑥]除此之外，范长生也懂得《老子》中的以民为本的思想，并将其运用到治国中。《老子》说："民不畏威，则大威至。"范长生治理的国家也是"国无威仪，官无禄秩，班序不别，君子小人服章不殊"，废除了封建早朝那一套繁文缛节的朝仪和森严的等级，保持了劳动人民平等质朴的作风。这也就达到了《老子》的"其政闷闷，其民淳淳"的理想治世。通过范长生的无为而治，达到了良好的社会统治效果，史书记载其治时"闾门不闭，无相侵盗"，可以说民风淳朴，政治安定。

另外，范长生还精通易理。唐明邦先生根据李鼎祚《周易集解》保存的范长生资料，从易传辞语以及卦爻象来分析范的易学思想，认为范长生的易学与汉代易学有所不同，"他不因象数而淹没易理；反之，力图通过卦象分析，阐明《易传》之人文思想；甚至不假卦象，独就《周易》辞语直接阐述自己的独到心得，而且尽可能使易理结合现实，对经世致用有所启迪。……既不同于玄学脱离现实的空谈，亦不同于汉代象数易学淡化易理的学风。"[⑦]范长生作为一位道教首领而潜心研究《易经》其目的在于用《易》经世，如清马国翰的评论："观诸弓所载，知其人盖功名之士，抱才而隐，乘机见用，遂相伪朝。观其以蜀才自命，宜不甘岩穴以终老也。"可见，范长生研究易是为了有所作为，以易治世。

范长生运用道教以及《易经》中的思想来治理国家，充分发挥了宗教的社会整合功能，从而能在西晋乱世中开辟出一方乐土，史称"由是夷夏安之，威震西土。时海内大乱，而蜀独无事，故归之者相寻"。[⑧]

这也是道教思想运用于政治生活中的一次成功范例。

总的来说，西南少数民族賨族与道教之间有着密不可分的关系，无论是蜀中第一个道教政权汉中五斗米道的张鲁政权，还是西晋时在蜀中建立的大成国，都有賨族的存在。从另一方面来说，道教对賨族的影响也非同一般，无论在精神信仰上，还是在社会组织结构中，乃至国家政治生活中，道教都为賨族提供理论指导和实际帮助。賨族与道教相辅相成，在中国历史上书写了精彩的篇章。

※ 注释：

① 道藏：第25册[M]. 北京：北京文物出版社，1987:183.

② 乐史. 太平寰宇记：卷一百三十六“渝州风俗”[M]. 北京：中华书局，2000.

③ 饶宗颐. 老子想尔注校证[M]. 上海：上海古籍出版社，1991：16.

④ 房玄龄. 晋书：载记第二十[M].

⑤ 房玄龄. 晋书：李雄载记[M].

⑥ 冯友兰. 贞元六书·新世训[M]. 上海华东师范大学出版社，1996.

⑦ 唐明邦. 范长生的易学思想[J]. 宗教学研究. 2001（4）.

⑧ 马国瀚. 玉涵山房辑佚书[M]//周易蜀才注：前言.

原文载《中南民族大学学报（人文社会科学版）》，2008年第1期。

作者介绍：曾维加，1973年7月生，四川乐山人，2004年7月，毕业于四川大学道教与宗教文化研究所，获哲学博士学位。2007年3月，南京大学哲学宗教学系博士后流动站出站。现为西南政法大学中国社会稳定与危机管理研究中心研究员、硕士生导师、主要研究道教与民族文化。著译作有《道教的社会传播研究》，《唐代道教——中国历史上黄金时期的宗教与帝国》（英国学者巴瑞特著）。

（五）青城道教仙源录（节选）

付元天　王家佑

1. 远古的神话传说

清彭洵《青城山记》卷下云：“宁封，黄帝时人，帝从之，问龙硚飞行之道，唐以来号‘五岳丈人’‘储福定命真君’。青城丈人观即修真处，宋赐名‘会庆建福宫’。”《列仙传》云：“黄帝时为陶正，积火自烧，随烟上下，视其灰炉犹有骨。时人葬于宁北山中，故谓之‘宁封子’。”又《青城山记》：“宁封先生栖于北岩之上，黄帝筑坛拜为五岳丈人。晋代置（丈人）观。”又《录异记》云：“开元中，玄宗梦神仙羽卫集于宫中，有朱衣金冠者下谒。帝召司马承祯访之。奏曰：今名山岳读之神，以主祭祀太上，虑妄有威福，命上真监在川岳。有青城丈人，为五岳之长；嵩山九天司命，主九天生籍；皆为五岳上真。各置庙，以斋实为飨。”

彭洵《青城山记》云：“按《升庵集》：青城山一名天谷山，今作天国，非。又《山海经》：‘西南黑水之间有广都之野’。郭璞注云：其城方三百里，盖天下之中，素女所出也。黑水广都今之成都，素女在青城天谷，今名玉女洞。是天谷即青城，非青城中别有洞天一天谷也。”易心莹大师《青城指南》云：“按麻姑隐青城大面山。麻姑洞在今八卦台，即古压月山，又名成都山，晋建上皇观于上。仙人李阿常游于此。前有麻姑洞，高三丈，阔五尺，深邃无际。然每遇人游其间（指洞内），洞口二三日刮风不止，故种植时，山民恒阻人游其地。”

最初的“成都”就是“青城都”，在青城山，又称天谷（即天府）。“成都”即“成都载天之山”，是“开明氏蜀国”的祖山。“天谷”即“阳谷”，是扶桑所生长的昆仑山（又分称为群巫之山，博父之山）。青城传说人物，除以上道书所述，近于历史记载的有见于（晋）谯秀《蜀记》的“蜀中八仙”：容成公，李耳、董仲舒、张道陵、范长生、李八百、严君平（严遵），尔朱荣。《历代神仙通鉴》的“山民山七圣”（七人为李冰之佐）：赵昱（据《西游记》赵真君下属又有六人，合为“嵋山七圣”）、赵元阳（或认为赵公元，又以为即赵星）、姚光、宫篙、李意期、古强、徐佐卿。又有“青城五隐”：薛昌、范长生、勾符台、张愈、杨慎。清李善济所撰长联（原挂“龙跻仙踪”坊）则罗列青城人物约三十人，可概括青城历史。

…………

6. 巴氏与范长生

晋永康元年（300年），李特入成都杀前益州刺史赵嵚，晋以罗尚为益州刺史讨李特不胜。太安二年（303 年），李特自称益州牧，治郫县城。次年，李雄入成都，建国号大成，年号建兴。李雄在位三十年，李班、李期、李寿（改国号“汉”）、李势相继立。公元 347（成汉国嘉宁二年、晋永和三年），为桓温所灭。在李特刚被杀，李雄继统成国败军的危急时刻（303 年），青城范长生全力支持李氏，乃能建立大成国。“雄以西川（青城山）范长生岩居穴处，求道养志，欲迎立为君而臣之，长生固辞，”“范长生自西山乘素舆诣成都，雄迎之于门，执版延坐，拜丞相，尊曰范贤。长生劝雄称尊号，雄于是僭即帝位，赦其境内，改年太武（应为：建国大成，改年晏平）。“加范长生为天地太师，封西山侯。复其部曲，不预军征，租税一入其家。”（见《晋书·李雄传）

“范长生卒，以其子侍中贲为丞相。长生善天文，有术数，民奉之如神。”范长生作为賨人宗法纽带的长老（廪君，兼鬼道的祭酒）、宗教的首领，流民存亡关键时的支持者，这就是他崇高地位的根源。在成汉亡后，范贲尚能拥众万人，也是民族与宗教的双重联系。《华阳国志·李雄传》：“范贤名长生，一名延久，又名九重，一曰支，字符，涪陵丹兴人。”他“颇有术数”“以左道惑百姓”。《隋书·经籍志》云有蜀才注《周易》十卷，《颜氏家训·书证篇》引《李蜀书》云：“蜀才”即是范长生。蜀才取名之义，当即“法无极才。”“范长生，刘先主时栖止青城山，刘禅易其宅为长生宫。李雄既克成都欲迎立为君而臣之。年百开余乃卒。”巴俗事道，尤重老子之术，《夔城图经》云：“夷事道，蛮事鬼。初丧，鼙鼓以道哀。其歌必号，其众必跳。此乃盘瓠，白虎之勇也。俗情正月初夜，鸣鼓连腰以歌，为踏蹄之戏。五月十五日招命骑健，画极图舟，巾船同用，千人齐声。唱鼓扣舷，沿江腾波而下。俗三月八日为大廓，以陈祠享。振锋击鼓，师舞为敬也。夷蜒居山谷，巴夏居城郭，与中上风俗礼乐不同。”此是巴人妖巫之术融为天师道的原始根据。道士上章，词“同俗巫解奏之曲”，盖张陵之术本巫觋之法也。

唐贞元十年（794 年），韦皋派崔佐时与南诏异牟势主点苍山订盟。誓文云：“上请天、地、水、三官、五岳四渎及营川谷诸神灵同请降临，永为证据。”三官五岳（青城丈人为五岳之长），是天师道的特点。“川谷诸神”即“蜀中山川神祠皆种松柏”。巴、蜀、夜郎、滇等（今云、贵、川）古国实属同一文化区。蒙文通说：“从民俗上来看，汉所谓西南夷，可以说都是巴蜀文化所及的区域。”又说：“晋宁郡本益州也。元鼎初属牂牁、越嶲。汉武帝元封二年改为郡，治滇池上，号曰益州。”《汉书·地理志》云：“犍为牂牁、越嶲，民俗略与巴蜀同。”可知益州（相当于今云南省区）民俗亦与巴蜀同俗。“南诏期之宗教为巫教，盖羌族之宗教，亦即中国西部夏民族最古之宗教也。当部落时代，政教杂糅，宗教领袖即政治领袖，宗教祭师即部落酋长。故每一部落皆有其鬼主，而较大部落之鬼主则称大鬼主或都鬼主，皆从氏族社会中之‘长老’演变而来。”在祖国黄河折支河曲附近的昆仑神仙所发源的黄帝轩辕氏文化，经过崇禹（夏部族）的传播，形成了西南民族的原始文化，其中氐羌系的宗教文化经西汉以来的《太平经》传播，形成了“天师道”。张陵、范长生在氐羌的巫术基础上创立了道教初型的“五斗米道”。从“夷事道，蛮事鬼”与“荆人鬼，越人魍”两种分类来看，荆楚的蛮苗是信鬼主的，巴夷（及蜀）是信道术的，海滨越人是重魍祥的。长江上（巴蜀）中（荆楚）游的老君（彭祖）之道术是道教的先启，东海（齐鲁与吴越）的魍祥与中原的圣贤是方术与人物神的前因，各兄弟民族的巫术合成综杂的道教。

原文载《道协会刊》，1986 年第 18 期。

作者介绍：付元天（1926—1998 年），俗名傅长林，道士。四川简阳人。1956 年主持青城山上清宫事务，1964 年被推选为住持。1980 年当选为青城山道教协会会长兼任常道观监院，同年当选为中国道教协会常务理事、成都市道教协会会长。1986 年被推选为中国道协副会长。1989 年被推选为道教文化研究所名誉所长和中国道教学院副院长，同年 12 月，在北京白云观举行传戒仪典，被授予大师称号。1992 年 3 月被推选为中国道教协会会长，并兼任中国道教学院院长。是第八届全国政协常委。第五届四川省政协委员，第六届省政协常委，都江堰市政协副主席。

王家佑（1926—2009 年），又名王家祐，四川成都人。四川省博物馆资深研究员，四川考古界元老，著名考古学家，道教文化研究专家。历任中国道教协会第四、五届理事会理事，第六、七届理事会名誉理事，中国道教文化研究所原副所长，四川省道教协会顾问。王家佑在文物考古、民族史和道教史研究方面，都有卓越成就。

（六）范长生的易学思想（节选）

唐明邦

范长生（？—318）是两晋之际、十六国分立时期，巴蜀地区的一位著名道士、易学家。其姓氏及出生年代无可确考，史传只有零星记载。《李蜀书》（一名《汉之书》）称："姓范名长生，自称蜀才。"晋常璩撰《华阳国志》记载："范贤，名长生，一名延久，又名重九，一曰支，字符寿。涪陵丹兴人。"丹兴，今重庆黔江。唐陆德明《经典释文·序录》云："姓范，名长生，一名贤。隐居青城山，自号蜀才，李雄以为丞相。"从以上记载，大体认定蜀才即范长生。查《晋书》关于成汉三位开国者李特、李流、李雄的事迹，有关范贤（长生）的一些活动，可知此人非一般易学家，他在社会混乱时期，具有一定政治抱负，善于谋略，当时是隐居青城山的一位道教人物。晋惠帝永兴元年（304），李雄称王于成都。范长生自西山（青城山）乘素舆至成都，李雄迎之于门，拜为丞相，尊称范贤。李雄依范长生之谋，改称帝，国号大成，改元建兴。李雄"加范长生为天地太师，封西山王"。李雄为何如此尊重蜀才？因其笃好术数，求道养志，声誉颇隆。李雄曾欲拥戴蜀才为君主，自甘居臣位。蜀才坚决辞谢，说道："推步大元，五行大会甲子，祚钟于李。"[①]愿拥李雄为君主，自甘为臣。二人由此订为政治联盟。蜀才可谓李雄据地称帝建立成汉政权的策划者，得力支持者。《晋书·周抚传》："贤为李雄国师，以左道惑百姓，人多事之。"李雄之得蜀才，如鱼得水。

蜀才居青城山，从事修炼，欲为神仙，得长生久视之术，宋代祝穆《方舆胜览》云："先主（刘备）征之不起，就封为逍遥公"，"刘禅易其宅为长生观"。《仙传》说蜀才"年百余岁，蜀人奉为仙，称曰长生"。《资治通鉴》云："长生博学多艺能，年近百岁，蜀人奉之如神。"[②]蜀才精于《易》，撰《周易蜀才注》，《唐书·艺文志》、陆德明《经典释文·序录》均谓其书十卷，已佚。武威张澍从《经典释文》和李鼎祚《周易集解》中，辑为一卷，载入《蜀典》。清马国翰依《蜀典》加以补充，载入《玉涵山房辑佚书》。虽只东鳞西爪，亦可窥其思想之一斑。孙堂

《汉魏二十一家易注》云："蜀才善天文，有术数，其所注易，大抵主荀爽乾坤升降之义。"张惠言《易义别录》云："蜀才之易，大约用郑（玄）虞（翻）之义为多，卦变全取虞氏。"蜀才是在王弼扫象言理之后，坚持汉代象数学的易学家，长于术数，修道青城山，但政治上不甘寂寞，身处乱世，欲有所作为，盖以《易》为经世之用。

1. 蜀才易学思想钩沉

蜀才易学思想，因其注本久佚，无以窥其全豹，其部分思想资料，保存于李鼎祚《周易集解》中。李氏所引资料，偏重象数，于义理略有涉及。尽管如此，我们仍可以从中窥见蜀才思想之大概。蜀才讲述其易学思想，大体用两种方法：一是直接分析《周易》卦爻辞和《易传》辞句，从而阐发自己的道家易学观点；二是通过对卦象爻象的分析，阐述其中隐含的义理。其主旨均在教人善于用《易》以安身立命、经邦济世。

（1）分析《易传》辞语，获得启示，以明易理。

《系辞》云："易知则有亲，易从则有功。"蜀才注曰："以其易知，故物亲而附之；以其易从，故物法而有功也。"③这是说易知、易从是原因，有亲、有功是效果。"有亲"谓亲而附之，"有功"谓法之而有功。蜀才对乾坤二卦德性的这种阐述，明白畅达，对人们的言行深有启发。他没有采取虞翻的解释。虞曰："阳道成乾，为父，震坎艮为子，本乎上者亲上，故曰'易知则有亲'。以阳从阴，至五功多，故'易从则有功矣'。"④虽作象数注释，何其令人费解。

《坤·象》曰："坤厚载物，德合无疆。"蜀才注曰："坤以广厚之德，载含万物，无有穷竟也""天有无疆之德，而坤合之，故云德合无疆"。⑤这是说，坤（地）广厚，足以载含无穷之物，又能合和于无疆之乾德。将乾之德与坤之德及二者之间的主从关系注释明白，阐述了乾健坤顺的原理，显示了乾坤（天地）对万物生育滋养的作用，启迪人处世为人当效乾坤之德。

《萃·象》曰："君子以除戎器，戒不虞。"虞翻注曰："除，修。戎，兵。锻厉矛矢，'除戎器'也。坎为寇，坤为乱，故'戒不虞'也。"⑥这是说应锻厉兵器（矛矢），以备镇压寇乱。蜀才注与此相反，他说："除去戎器，修行文德也。"⑦意是维持政权，当牛放桃林，马放华山，偃武修文，以仁德劝戒不虞，不必尽用戈矛。

《泰·象》曰："小往大来，吉亨。"《否·象》曰："大往小来。"蜀才注曰："小，谓阴也。大，谓阳也。天气下，地气上，阴阳交，万物通，故吉亨。"又曰："大往，阳往而消。小来，阴来而息也。"⑧表明泰否二卦，讲的是天气和地气是否相交的问题。天气下，地气上，阴阳相交则万物生长亨通；阳消阴息，二气不相交，则万物之生长不畅通。此正符合《易传》"天地交而万物通""天地不交而万物不通，上下不交而天下无邦"之深义。

（2）分析卦爻象，获取启示，以明易理。

《损·六四·象》曰："损其疾，亦可喜也。"蜀才注云："四当承上，而有初应，必上之所疑矣。初，四之疾也；宜损去其初，使上亨喜。"⑨是说六四本当奉承居上位之六五、因六四得初九相应，必为在上之君主所疑，初九反而成为六四之患，宜损去其初，方可使在上者亨喜。这显然是从谋略着眼，借易象比拟世俗君臣之间的利害关系，阐述本人学易心得。此种解释的特点，未采用卦变方法，直接分析损卦卦象以得出结论。

《同人·象》曰："柔得位得中，而应乎乾，曰同人。"蜀才曰："此本夬卦。九二升上，上六降二，则'柔得位得中而应乎乾'。下奉上之象，义同于人，故曰同人。"⑩同人卦象上乾下离。蜀才采用卦变方式释之，谓同人本于上兑下乾之夬。夬之九二上升为上九，夬之上六下降为六二，乃成同人。上六降为六二，正是"柔得位得中"，又上应于乾。他说这一卦变，正符合六二应九五的"下奉上之象"。卦象的"下奉上"，同人事的"下奉上"相一致，故卦名同人。

《随·象》曰："随时之义大矣哉。"蜀才曰："此本否卦。刚自上来居初，柔自初升上，则内动而外说，是动而说，随也。相随而大亨无咎。得于时也，则天下随之矣。故曰：随时之义大矣哉。"⑪随卦上兑下震。蜀才认为此由上乾下坤之否变来，否之上九下降为初九，初六上升为上六，乃成随卦，这一变动的意义在于"内动（震）而外说（兑），"君主"动"于内，而臣民"悦"于外，内外"相随而大亨"，随之得于时，则天下顺从，意义十分重大。蜀才以"内动外悦""天下顺从"之义解释随之卦象，颇富政治色彩。

《旅·象》曰："柔得中乎外，而顺乎刚，止而丽乎明，是以小亨，旅贞吉也。”蜀才曰：“否三升五，柔得中乎外，上顺于刚；九五降三，降不失正，止而丽乎明，所以小亨，旅贞吉也。”⑫旅卦上离下艮。蜀才认为此卦由否变来。否之六三升为六五，乃柔得中于外，上顺于刚；否之九五降为九三，降而不失正；上乾下坤之否乃变而为上离下艮之旅。离为日，为大明；艮为山，为止，乃“止而丽乎明”之象。暗喻人臣若附丽于大明之君，则吉而亨。虞翻对旅卦卦变作特殊处理，认为由“贲初之四，否三之五”变来，“非乾坤往来也”。蜀才作了纠正，十分正确。

蜀才易学思想资料，保存下来的不多。从以上少数资料，略可窥见其思想特点。同汉代象数易学有所不同，他不因象数而淹没易理；反之，力图通过卦爻象分析，阐明《易传》之人文思想，甚至不假卦象，独就《周易》辞语直接阐述自己的独到心得，而且尽可能使义理结合现实，对经世致用有所启迪。如此解易思路，反映了晋代象数易学的特点，既不同于玄学脱离现实的空谈，亦不同于汉代象数易学淡化义理的学风。

2. 蜀才卦变思想管窥

《周易集解》保存的蜀才易学资料关于义理方面的较少，关于象数方面的较多，但集中反映的是其卦变思想方面，关于汉代象数易学的卦气、纳甲、爻辰、世应、飞伏等内容，未予涉及。是否故意不谈，资料阙如，不得而知。

卦变思想，发端于上古占筮。《左传》《国语》中的筮例，多讲“之卦”，实际讲的是此卦变彼卦问题。卦变即是将此卦中的某爻或某几爻，改变其位置或性质，使之变成另一卦象，以便于符合卦爻辞内容，以占断吉凶。《易传》中的《彖传》经常用卦中某一爻的升降变化解释卦义，后人认为此乃开卦变说之先河，如《讼·彖》曰：“刚来而得中。”《随·彖》曰：“刚来而下柔。”《贲·彖》曰：“柔来而文刚。”《咸·彖》曰：“柔上而刚下。”等等。汉代经师京房讲“爻变”，荀爽讲“升降”，都是关于卦变的方法。虞翻为卦变方法制定一套体例，影响更大。蜀才的卦变思想，是将荀爽升降说同虞翻卦变说相结合。基本上依虞氏卦变体例，对虞氏自违其例者，有所匡正。

虞氏卦变体例的基本原则是：六十四卦卦象均由乾坤二续卜变来，乾坤乃《易》之门户。首先，乾坤二卦变现出十二消息卦。即坤卦变复、临、泰、大壮、夬，由纯阴无阳之卦，变出一阳至五阳之卦；乾卦变姤、遁、否、观、剥，由纯阳无阴之卦，变出一阴至五阴之卦，然后以十二消息卦作为卦变之母体，由之通变出其他五十二卦。其规则是：一阴、一阳之卦由姤、复变来；二阴、二阳之卦由遁、临变来；三阴、三阳之卦由否、泰变来；四阴、四阳之卦由观、大壮变来。关于五阴、五阳之卦，本应由剥、夬变来，因虞翻未列，蜀才则有以补正。

蜀才云："讼，此本遂卦""无妄，此本遯卦""明夷，此本临卦"，均属二阴、二阳之卦。临、遂，乃十二消息卦之列，合于虞氏卦变之体例。

蜀才谓：随、咸、益、旅、均本否卦；损、恒，均本泰卦。此皆三阴、三阳之卦，否、泰属十二消息卦之例，亦不违虞氏卦变之例。

蜀才谓：晋，本观卦；需、大畜，均本大壮卦。此皆四阴、四阳之卦，观与大壮属十二消息卦之内，亦与虞氏卦变之例符合。

蜀才与虞氏不同者，首在同人与师二卦。虞翻谓同人来自姤卦，师来自复卦。蜀才云："同人，此本夬卦""师，此本剥卦"。此两卦属五阴五阳之卦，虞翻列人复、姤卦变之列，蜀才予以另行标出，乃对虞氏卦变体例的完善。

然而蜀才与虞氏同样有违例者。如比卦，虞氏云："比，师二上之五。"蜀才亦云："比，此本师卦。"比乃一阳五阴之卦，当变自复。二人均云本于师，师非十二消息卦之列，显然自违其例。虞氏自违其例者，尚有履与小畜等卦，"履，变讼初为兑""小畜，需上变为巽"。讼与需均非十二消息卦之列，资料有缺，不知蜀才对此是否赞同。

蜀才同虞翻都列有二阴二阳之卦本于临、遁，四阴四阳之卦本于观、大壮。实则二阴之卦即四阳之卦，二阳之卦即四阴之卦。所变之卦，何者本于临、遁，何者本于观、大壮，必有重复，不易分清，此乃卦变说中未能理清的问题。同样的矛盾，存在于一阳五阴之卦与一阴五阳之卦中。一阴一阳之卦本于复、姤，五阴五阳之卦本于剥、夬。蜀才列有师本于剥，同人本于夬，同来自复、姤之卦，如何区分，不知其例。

卦变说的产生，在于易学家们刻意借卦象解说经传辞句，本卦不足以解释者，乃求之于卦变，卦变仍不可能完满地解释，进而求之于互体等。卦爻象同卦爻辞多有不相吻合者，卦变与互体，仍可能与卦爻辞不尽相符合。象数学家力图取象解经，结果徒寻烦恼，并将易学研究引入繁琐的歧途。虽然如此，卦变说亦不可谓纯属徒劳，它力图找出卦与卦之间的某些内在联系，制定一些卦变条规，诱导人们进行系统思维，促使人们的思维精密化、逻辑化，客观上对训练人们独特的辩证思维方法起到了一定促进作用，未可一概否定。蜀才传承汉代象数易学的历史作用及其在象数易学史上的地位，有待深入论辩。

3．蜀才易学训诂拾零

《周易蜀才注》对《周易》经传的训诂，吸取郑玄、荀爽等诸家成果，并有不少独到之见。唐陆德明《经典释文·周易释文》(以下简称《释文》)中多有引用，使不少资料得以保存至今。

蜀才之训诂，有直接诊释经传原文者：

姤初六："系于金柅。"《释文》曰："柅，蜀才作尼。尼，止也。"训尼为止，以明金柅的作用在止车（即刹车）⑬。

萃初六："一握为笑。"《释文》曰："握，当作'夫三为屋'之屋"，"蜀才同"。古代百亩为"夫"，三夫为"屋"，"屋"乃并田区域⑭。

豫九四："朋盍簪。"《释文》曰："簪，郑云速也。京作撍。蜀才本依京，义从郑。撍，速也。"

《系辞》："辩吉凶者存乎辞。"《释文》："蜀才云：辩，别也。"

《系辞》："大衍之数五十。"《释文》："蜀才云：衍，广也。"

以上略见蜀才之训诂，汲取汉代经学家的训诂成果，或直予训释，或改变假借之字以为释，其特点在于务使易于明确了解经传原意。

蜀才之训诂，更多的是重在校刊原文，以利诊释。实际上可能他另有所本，故所校之字多与通行本不同。

《坤文言》："阴疑于阳必战。"《释文》："疑，蜀才本作凝。"

大有九二："大车以载。"《释文》："大车，蜀才作舆。"

《谦象》曰："君子以裒多益寡。"《释文》："裒，蜀才作捊。捊，取也。"

随初九："官有渝。"《释文》："官有，蜀才本作馆有。"

《贲象》曰："君子以明庶政。"《释文》："以明，蜀才本作命。"

夬九五，"苋陆夬夬。"《释文》："苋陆，蜀才本作睦，亲也。"

《系辞》："夫易，圣人之所以极深而研几也。"（释文）："研，蜀才作揅。"

《系辞》："知崇礼卑。"《释文》："礼，蜀才作体。"

《系辞》："有功而不德。"《释文》："不德，蜀才作置。"

蜀才注本《周易》，与今本《周易》有所差异，或他据原本有差异，或他对古本有所校正，已难确考，但所注之本，似较今本易于理解，多有可取者。蜀才之注本，较之今本，亦有少数不可取者，不可不知。

离九三："则大耋之嗟，凶。"《释文》："大耋，蜀才作大咥。"

《系辞》："鼓之以雷霆。"《释文》："蜀才霆，疑作电。"明夷六五："箕子之明夷。"《释文》："子之明夷，蜀才箕作其。"

损卦辞："二簋可用享。"《释文》："簋，蜀才作轨；用享，蜀才作亨。"《系辞》："圣人以此洗心。"《释文》："洗心，蜀才作先。"

《说卦》："参天两地而倚数。"《释文》："倚，蜀才作奇。"

以上，蜀才或原于古本，或有所校正，难以确定，较之今本，要皆不可取。

由于辑佚本所存资料有限，《周易蜀才注》只略见端倪，难窥全豹。尽管如此，蜀才仍无愧为一位知名道教易学家，在象数易学发展史上具有一定影响，不少易学家都对他有所评价，清张惠言曾说："自商瞿受（易），三百年而至田何，田何之传，四百年而仅得虞翻，虞翻之后，三百年而亡。其略可见者，姚信而已，翟子元、蜀才而已。"⑮蜀才作为一位道士而潜心研《易》，在玄学甚嚣尘上之时，能卓然继承汉代象数易学之余绪，难能可贵。至于蜀才一生行迹，旨在用《易》经世。清马国翰的评论实为中肯："观诸书所载，知其人盖功名之士，抱才而隐，乘机见用，遂相伪朝。观其以蜀才自命，宜不甘岩穴以终老也。"⑯从《周易蜀才注》残存资料，略可窥见长江上游巴蜀易学同道教联系密切，也可见蜀才热心传承易学象数及象数思维，而且有所创发。

参考文献

① 崔鸿《十六国春秋》。

②《资治通鉴》卷九十，晋元帝大兴元年四月。

③《周易集解·系辞上》(以下简称《集解》)。

④《集解·系辞上》。

⑤《集解·冲》。

⑥《集解·萃》。

⑦《玉函山房辑佚书·周易蜀才注)。

⑧《集解·泰、否》。

⑨《集解·损》。

⑩《集解·同人》。

⑪《集解·随》。

⑫《集解·旅》。

⑬《玉篇》:“尼,止也”。

⑭《汉书·食货志》:“亩百为夫,夫三为屋,三屋为井。”

⑮清·张惠言《易义别录》卷二。

⑯《玉函山房辑佚书》,《周易蜀才注·前言》。

作者单位:武汉大学哲学系

出 版 源:成都:《宗教学研究》,2001年第4期

作者介绍:唐明邦,1925年生,重庆市忠县人,中共党员,著名哲学家、世界当代十大杰出易学家、武汉大学哲学系教授、博导,中国周易学会顾问、东方国际易学研究院学术委员、国际统一易学联合会讲师团教授、世界易学领袖协会首席高级顾问、湖北省道教学术研究会会长。著有《当代易学与时代精神》《〈邵雍评传〉附〈陈抟评传〉》《易学与长江文化》(合著)、《李时珍评传》《本草纲目导读》等,主编《周易评注》《周易纵横录》,发表论文200余篇,200余万字。其传略被收录入《世界名人录》(美国)、《东方之子》(海外版)、《中国风水家辞典》《中国易学家辞典》等名人词典。

文章摘要:范长生又名蜀才,是隐居青城山的高道,成汉政权封为西山王,尊为天地太师。精于《易》,后人輯为《周易蜀才注》。或分析《易传》辞语,阐明易理;或剖析卦爻象,发明易义。其卦变思想,补救虞翻之偏,在易学、训诂学上亦颇多贡献,充分反映巴蜀易学同道教的密切关系。

（七）蜀才及其易注

程元敏

蜀才（非其人本姓名，说详下。？—三一八年）者，蜀人也，注老子，经典释文序录：“（老子），蜀才注二卷。”

隋书经籍志：“梁有……老子道德经二卷，蜀才注，亡。”

旧唐书经籍志、新唐书艺文志著录同。

清丁国钧、文廷式、黄逢元补晋书《艺文志》、吴士鉴《补晋书经籍志》及姚振宗《隋书经籍志考证》，皆旧志著录同。

严灵峰先生周秦汉魏诸子知见书目（卷一总页三四）：“《老子·道德经》二卷，范长生注。蜀涪陵丹兴人，字蜀才，一名延久；又名重九（敏案：疑当作九重。），一字符寿。隐青城山，晋元帝太兴元年卒。（公元？年至三一八年）。佚，见《隋志》注并释文叙录著录。按：原题‘蜀才’，今改本名。”

蜀才姓名字号履历，严先生据史传定（说详下）。其《老子》注，阮孝绪七录尚著录。惜今只字无存。夫老、易二玄兼治，东汉以来习尚，影响易学至大，而诸家言蜀才易学，论皆不及其注老。肝胆楚越视之，非也。

蜀才注《易》十卷，

《颜氏家训》书证篇：“易有蜀才注，江南学士遂不知是何人。王俭四部目录，不言姓名，题云：‘王弼后人。’谢炅、夏侯该，并读数千卷书，皆疑是谯周；而《李蜀书》——一名《汉之书》——云：‘姓范名长生，自称蜀才。’南方以晋家渡江后，北间传记，皆名为伪书，不贵省读，故不见也。”

《经典释文序录》自注：“蜀才《易》注十卷，七录云：‘不详何人。’七志云：‘是王粥后人。’

清朱亦栋《群书札记》（卷十）曰：“按：杨子《法言·问明篇》：‘蜀庄沉冥，蜀庄之才之珍也。’则蜀才乃演君平也。岂范长生自比君平，故称‘蜀才’与？”

案：遂，竟也。“蜀才”非其人姓名，江南学士未予考究，终不知彼是何人也。清马国翰曰：“观其以蜀才自命，宜不甘岩穴以终老也”《玉函山房辑佚书》“《周易》蜀才注”叙）是度范氏自谓蜀士抱才而隐，故有斯号。近人徐芹庭氏漢魏七家易学之研究（页四六～九五）贰、蜀才易注之研究（下简称徐著）云“（范）长生……以其为蜀人，故自号曰蜀才”，恐并出于望文生义。法言“蜀庄”者，谓蜀人庄遵字君平，汉书避明帝讳改“庄”为“严”，严《遵道德指归论》卷一自称庄子，《汉书》卷七二王贡两龚鲍传：“蜀有严君平，……依老子、严周之指著书十余万言。”师古曰：“严周即庄周。”可证。

朱氏据此疑其人，因自比于严君平故号“蜀才”，甚洽（参看后文）。第若谓严遵即蜀才，则非，知者：（一）有关文献记严遵皆不言其号蜀才；虽记其“专精大易”，但不及其注《易》。（二）严遵以老子《道德经》说易，蜀才虽亦注《老》，但易注佚文无有掺杂老学；蜀才易注用象数，而严遵依老庄，反象数。（三）蜀才易注，颇用郑玄、荀爽义，多用虞翻义，而严遵，西汉晚叶、扬雄从之游，郑、荀、虞尚远在遵后，则蜀才断非严君平矣。（蜀才易学详下，严遵易说别详拙著《儒术独尊后之两汉经今古文学消长与说经玄理化》。）

又案：在后之梁阮孝绪《七录》云不详蜀才为何姓名，是不以《七志》及《四部书目》定为“王粥后人”为可据。清张惠言易义别录“周易蜀才氏”卷《皇清经解卷》一二三七，下同。）曰：

无妄彖曰：“无妄，刚自外来，而为主于内，动而健，刚中而应，大亨以正，天之命也。”（蜀才）注云：“此本遯卦。案：刚自上降，为主于初，故动而健，刚中而应也。于是乎邪妄之道消，大通以正矣。无妄大亨，乃天道恒命也。集解”……妄为邪妄，汉儒无此训，王俭云“是王粥后人”，岂不信哉！

考汉儒释“无妄”妄，据今存遗说，为《史记·春申君传》：“世有毋望之福，又有毋望之祸。”正义曰：“毋望，谓不望而忽至也。”索隐曰：“《周易》有无妄卦。”司马迁释“妄”曰“望”，其学受自父谈，谈学易于杨何。

《汉书·谷永传》永对言曰：“遭无妄之卦运。”颜注引应劭曰：“无望者，无所望也。”

《经典释文》卷二周易音义：“无妄，马郑王肃皆云妄犹望，谓完所希望也。”《后汉书·李通传》论：“无妄之祸”，李注引郑玄易注云：“妄之言望，人所望宜正行，必有所望；行而无所望，是失其正，何可往也！”

蔡邕和熹邓后谥议：“消无妄之运者也。”（蔡中郎集卷一）

是汉今古文易家皆训“妄”为“希望”，而蜀才此解为“邪妄”非汉学，惠言说是也。

顾王弼易注此“妄”，略同蜀才，

无妄象，王注曰：“刚自外来，而为主于内，动而愈健，刚中而应，威刚方正，私欲不行，何可以妄？使有妄之道灭，无妄之道成，非大亨利贞而何？刚自外来，而为主于内，则柔邪之道消矣。”

案：相对于“方正”，彼曰“私欲”，谓邪念也；邪道——有妄之道灭，而正道——无妄之道成矣：辅嗣果解“妄”为“邪”。彼终则谓刚正自外来入主于内以消柔邪，明以“邪”释“妄”。故张氏亦谓蜀才为王弼之后代，而此解渊源自家学（或曰：惠言谓“王弼后人”为“王弼以后（即魏以后）人士”，亦未可知。愚案：蜀才未见王弼易注，两家易学殊异，故蜀才时代虽晚，易学非自弼来：说详后。）第考“案刚自上降至无妄大亨，乃天道恒命也”，原本非蜀才注，乃李鼎祚补义，徐著（页五十～五一、七九）论集解体例，谓凡自“案”以下皆非蜀才注文，有云：

……至于诸家之辑本，皆以李鼎祚《周易集解》之案语辑为蜀才之易注，……非。……（鼎祚）谓“先儒有所未详，然后辄加添削，每至章句佥例发挥”……是明言于先儒易注，有所未详者，鼎祚辄加添削。……于其添者，则鼎祚加案语以表示自己见解，且示有别于先儒之易注。……（无妄象曰蜀才注）自“案刚自上降为主于初”以下皆李鼎祚兹据之。则释妄为邪妄者，唐李氏《集解》之文，惠言援以证蜀才乃辅嗣之后人，失之。

又下两说，亦不以七志所题为然，

柯劭忞曰：“按：《三国志》弼无子，七志之言不为典要。”《续修四库全书提要》页二三一二四经部“周易蜀才注”下，下同。）

徐芹庭氏曰："据《三国志》，知王弼无子，则非王氏后人也。……且其易注与弼注不同，断然可知。"（徐著）

《三国志》不为王弼立传，仅于《钟会传》附述三十五字，甚略，且不及其后裔；唯裴注引晋何劭撰《王弼传》稍详，谓弼"正始十年……秋，遇疠疾亡，时年二十四，无子绝嗣。"是柯氏谓据《三国志》，失所据矣。夫家庭之学影响诚为深远，但子孙说经亦不必非依祖先不可，故徐君据蜀才注异乎弼注，断非王氏后人，尚不得谓之笃论。余谓王畅之孙粲、粲之孙弼，山阳高平人，粲于汉初平、建安间避地南寓荆州，建安十三年荆州降曹，随操返北，其后（魏黄初七年）弼乃生，史不载王氏家族入蜀落籍，则谓蜀才为王弼后人，谅非事实。

又案：梁谢炅、夏侯该（当作咏参看王利器氏《颜氏家训集解》注四。）并疑为谯周。考之谯氏著作，无有易注，懂其五经然否论中有易经然否论、又非注释体，则谢、夏二家说非也。

又案：晋常璩《蜀李书》（经典释文序录自注引）云："（蜀才）姓范名长生，一名贤，隐居青城山，自号蜀才，李雄以为丞相。"（《家训》作李蜀书，当是同一书；又汉之书，《晋书·李流传》吴士鉴等注谓是李昊撰。）与常氏别著——《华阳国志》（卷九李特雄期寿势志）尚合：

永兴元年（公元三〇四）冬十月，……（李）雄遂称成都王，……建元大武（原校曰："建元大武当作改元建兴国号大成。"），迎范贤为丞相。……贤既至，尊为天地太师，封西山侯，复其部曲，军征不预，租税皆入贤家。贤名长生，一名延久，又名九重，一曰支字符，涪陵丹兴人也。

唯缺记长生自号蜀才。后魏崔鸿《十六国春秋蜀录》曰：

"（李）流薨，（李）雄称大将军、益州牧，治郫城。以西山范长生岩居穴处，求遵养之志，雄欲迎为君，长生固辞曰："推步太元，五行大会甲子，祚钟于李，非吾节也。"建兴元年十月，雄即成都王位于南郊。……晏平元年（公元三〇六）三月，范长生乘素与诣城，雄迎于大门，执版延坐，长生请雄对坐，即拜丞相，尊曰"范贤"。长生劝雄称尊号，夏六月，僭即帝位，……国号大成。……十月，加丞相范长生天地太师之号，封西山侯。玉衡……八年（当东晋太兴元年，公元三一八）四月，范长生卒，以其子侍中贲为丞相。长生善天文，有术数，民奉之如神。(载《太平御览》卷一二三；遵养之志，典出诗周颂酌“遵养时晦”,《十六国春秋》(四部备要本、丛书集成初编本。)作“求道养志之士”、《晋书·李雄载》记作“求道养志”，乃后人妄改；素与，素舆之误,《十六国春秋》及《晋书》与皆作舆。)

亦缺记长生号蜀才。《晋书》(卷一二一)李雄载记据《华阳国志》及《十六国春秋》亦记范长生故事，则甚简略。常璩一曰：“姓范名长生”，再曰“贤名长生”，是长生者蜀才之本名，而名“贤”晚起——晏平元年三月李雄尊之为“范贤”后乃有。延久、九重、支(字元)，莫非异名异号。长生隐居青城山，即西山，故受封为西山侯，正史记其率众保乡事，

《晋书·李流载》记：“(李)雄渡江，害汶山太守陈图，遂入郫城，流移营据之。三蜀百姓并保险结坞，城区皆空。流野无所略，士众饥困。涪陵人范长生率千余家依青城山,(罗)尚参军涪陵徐与求为汶山太守，欲要结长生等与尚犄角讨流，尚不许,(与)怨之，求使江西，遂降于流。说长生等使资给流军粮，长生从之，故流军复振。”

《华阳国志》(卷八)系晋惠帝泰安二年(公元三〇三)七月(通鉴同)，谓“涪陵民千余家在江西，依青城山处士范贤自守”，则先是长生助李氏军粮，故后乃拜相封侯也。

长生始隐岩穴，上述文献不记其年世，宋祝穆方舆胜览(卷五五页八、十永康军下)记刘先主时有范寂者隐青城山：

青城山，在本县(敏案：谓青城县。)北三十二里，……一名赤城，一名青城都。…… (唐)杜光庭《青城山记》:“岷山连峰接岫，千里不绝，青城乃第一峰也。……有七十二小洞，应七十二候；有八大洞，应八节：乃神仙都会之府也。”……长生观，旧名碧落观，在青城县北二十里。昔有范寂字无为，刘先主时栖止青城山中，以修炼为事。先主征之，不起，就封为逍遥公。得长生久视之道，刘禅易其宅为长生观。有巨楠，高数十寻，围三十尺，世传长生手植，上有赤城阁。

案：范寂即范长生，知者。

《仙传》:“寂得久视之术，年百余岁，蜀人奉为仙，称曰‘长生’。”《晋书·李流载记》注引，仙传疑为杜光庭撰。)

兹后，明杨慎藕林伐山《晋书·李流载记》注引)曰：长生先事

汉昭烈帝，至特时一百三十余年。

明陈懋仁“寿者传”（卷上页四～五）据之：

范长生……先事刘先主，至李特时，年一百三十余岁。原注：“一名寂，见（杨慎）《升庵遗集》。”

《续刊青城山记》（卷上页十五宫观记）曰：在青城之麓者长生宫，汉之碧落观也，宋名长生观，一名范贤观，云谷杂抄又谓范仙观。旧志云：“范寂字无为，又称名友。敏案：支字之讹。字子（敏案：衍文也。）。元。汉昭烈时，隐居修炼于此，得长生久视之道，……寿一百三十余。晋李雄乱，率千余家依青城，保险自守。……”

鄙见：长生名寂字无为，唐以前人无说，杜光庭亦尝隐居青城山，盖得自当地传说。盖严遵之为人，扬雄尝称之，曰“蜀庄说冥，……不作苟见，不治苟得，久幽而不改其操”《法言问明篇》《汉书》卷七二王贡两龚鲍传载雄“论曰”同，庄作严，讳改，沈作湛，师古曰：“湛，读曰沈。”），晋李轨注：“沈冥，犹玄寂，泯然无迹之貌。”后人见沈冥有“寂”“无迹”之义，又知长生慕严氏之为人，遂以寂、无为名之字之，令长生仙道形象愈益逼真。刘先主称帝，在魏黄初二年（公元二二一，《三国志·先主传》。），下至李蜀玉衡八年长生卒，凡九十八年，则长生刘先主之前（约三、四十岁时）已隐居青城，享年百余岁。

长生善术数，《北魏书》（卷九六）賨李雄传亦言，崔鸿记其言“推步太元，五行大会甲子”云云，是术数也，止此而已。杨升《庵艺文志》别记一事：

成都金容坊有石笋，武侯掘之，得篆书蚕丛启国誓蜀碑，有“浊歜烛蠲触”五字，众莫解。范贤云：“亥子岁记浊字，主水灾；寅卯岁记歜字，主饥馑；巳午岁记烛字，主火灾；辰戌岁记触字，主兵灾；申酉岁记蠲字，主稼穑富瞻。以年事推之，其应如响。（续刊《青城山记》卷下页二引；敏案：蠲触疑当乙作触蠲，而所主之事亦当从正。）

案：亦术数也。夫易学自汉以下，有术数一派，史谓长生善推步、天文、术数，逆之将然，其长于易理、注书，自有可能。

综上各节，论蜀才即范长生，信而有征。矧常璩仕于蜀，得之亲见。著史《蜀李书》明记长生号蜀才，李雄以为丞相，度的真是。第杨慎以为蜀才非范长生，《太史升庵文集》（卷四八页二十）“蜀才”：“注疏中有蜀才名姓，宋儒谓蜀才即范长生，盖别无所见也。《陈子昂集》

有曰：‘襄阳有庞德公、谷口郑子真、东海王霸，西山蜀才，皆避人养德，躬耕求志。’由是观之，范长生与蜀才，自是二人原注：‘蜀音葵字一作蜀，战国策有蜀子。’。”

子昂所举前三人，庞、郑、王见后汉书，皆高蹈不仕，躬耕养德。举西山蜀才，殆据《蜀李书》及《十六国春秋》，系用范长生之号郑子真，名郑朴，陈亦称其字，以其先前岩居西山，求遵养之志，节行与三子无异，故并列为四。是子昂未尝断蜀才是姓名，而其人非范长生。升庵见长生后事李蜀，不合“避人养德，躬耕求志”之誉，又见《战国策·燕策》二有“齐王召蜀子”，遂以此蜀为姓音葵，才为名，因决范、蜀为二人，非子昂意，亦非事实也。

蜀才易注：《七志》《七录》（并经典释文序录引）、《经典释文》、《隋书经籍志》《旧唐书·经籍志》《新唐书·经籍志》皆著录，丁国钧、文廷式、秦荣光、黄逢元《补晋书艺文志》《续修四库》提要亦皆著录，吴士鉴《补晋书经籍志》与《经义考著录》，则并径题范长生注。《郡斋读书志》《书录解题》《宋史·艺文志》皆不着录，盖佚于唐宋之际；清人始有辑本：张澍辑本（收入其“蜀典”之中）、张惠言《易义别录》、马国翰《玉函山房辑佚书》、孙堂《汉魏二十一家易注》、黄奭《黄氏逸书考》、李富孙《周易集解剩义》，或题蜀才，亦或径题范长生。以近人徐著辑蜀才说较备。

《经义考》（卷十一页十）始自释文辑蜀才注且以与今本校异，云：

《释文》引蜀才注“大车以载”作“大舆”“明”作“命”（贲大象）、“大耋”作（敏案：大有九二）、“官有渝”“官”作“馆”（随初九）、“君子以明庶政”“咥”（离九三）、“羸其角”“羸”作“累”（大壮九三）、“箕子之明夷”“箕”作“其”（明夷六五）、“二簋”作“轨”（损卦辞）、“惩忿室欲”“惩”作“澄”（大象）、“壮于頄”作“仇”（夬九三）、“苋陆夬夬”“陆”作“睦”（九五）、“系于金柅”作“尼”（姤初六）、“孚乃利用禴”作“跃”（萃六二）、“在天成象”（敏案：蜀才本异文在下文“成象之谓乾”下，竹垞误置。）“成”作“盛”、“知崇礼卑”“礼”作“体”、“研几”作“揅几”（并系辞上）、“参天两地而倚数”作“奇数”（说卦）。——十六条。

马国翰亦据释文，比朱彝尊多得七条（此录其要略）：

“阴疑于阳必战”“疑”作“凝”（敏案：坤文言）、“裒多益寡”“裒”

作“捊”（谦大象）、“朋盍簪”“簪”作“撍”（豫九四）、“羸其瓶”“羸”作“累”（井卦辞）、“爻（用唐石经等本）法之谓坤”“爻”作“效”、“有功而不德”“德”作“置”、“圣人以此洗心”“洗”作“先”（并系辞上）。

夫陆德明集众本异文，蜀才本在其中，而释文常曰“众家本作某”，则蜀才本当与众家同矣，徐著据此，考其异文，有若：

“自藏也”“藏”作“戕”（敏案：丰上六象）、“资斧”“资”作“齐”（旅九四、巽上九）、“八卦相荡”“荡”作“荡”（系辞上）、“介于石”“介”作“砎”（系辞下）。——四条。

析论上集蜀才本二十八字，得七目：

（1）柅作尼，同音省作，且义取马融。

（2）同音而义通者：羸作累（两见）、成作盛、研作揅、荡作荡、箕作其、簋作轨、倚作奇。其轨奇三字，蜀才且用古文本。

（3）古音韵母相同，声母或许有某种程度关联者：睦与陆同韵母，睦古或为复声母而与陆或许有关；体、典、礼同韵母，体古或为复声母而与体或许有关：是故蜀才陆作睦（睦义殊陆，或为形近之讹，则当正。）、礼之作体也，体、礼义同。（古音据董同龢先生上古音讷表稿，下同。）

（4）耋、咥义异但音同，作咥于易义难通，或为同音误抄；或原误作绖（京房本即作绖），转误写作咥。褕、跃亦同音异义，亦或为同音误抄，作跃于易义固亦不协。

（5）有音近而义可通者：车作舆、裒作捊、介作砎、簪作撍、官作馆、明作命、九贡作仇、疑作凝、爻作效、德作置、洗作先、资作齐（两见），且其中作砎用古文义又同马郑，作撍义同子夏易传（汉韩婴撰），作馆用今文，作凝用古文；又惩作澄者，盖原从郑玄本作征或澄（惩、澄），征澄郑义皆为清，蜀才据“清”义作澄，后改作俗字澄。

（6）更有音近而义难通者，藏作戕是也。唯王弼本作藏，众本皆作戕，马融王肃训残、郑玄训伤，是蜀才仍用汉义。

（7）蜀才经文有独同子夏易传者（作舆），有独向京房者（撍），有祇同郑玄、陆续者（置），有只同郑玄、荀爽、董遇者（捊），有只同荀、虞翻、姚信者（凝），又有只同京、荀、虞、董、张璠、石经（梁丘贺本）者（先），又有同众本乃只与王弼本异者（戕、资、荡、砎）。

余十七字蜀才与众本及王弼本皆异。

（上七事之讨论，参看《经典释文》、惠栋《九经古义》、《易义别录》、李富孙《易经异文释》）

案：揆上七事，大略可知（一）蜀才本据汉儒周易本——韩婴、京房、郑玄、熹平石经（梁丘贺本），是兼采今古文本，而与王弼本多异；（二）蜀才与汉众本咸异者十七字：或同音假借（八字），或为误抄（二字），或声转义通而义取汉儒者（六字）或声转而义迥异乎王弼、但显然取诸汉儒者（一字）。则其易学，仍是汉学余波，今古不拘，承东汉以来学风，但颇改旧本经字，嗜奇好异之情，于兹概见。

蜀才易注残文，最多言术数，亦沿汉儒风尚，兹先将其相关之说总列于次：

（1）䷄需，彖曰：……需有孚，光亨贞吉，位乎天位？以正中也。

蜀才注："此本大壮也。"（周易集解纂疏卷二）

（2）䷅讼，彖曰：……讼有孚，窒惕中吉，刚来而得中也。

蜀才注："此本遯卦也。"（同上）

（3）䷆师，彖曰：……刚中而应，行险而顺。

蜀才注："此本剥卦也。"（同上）

（4）䷇比，彖曰： ……下顺从也。原筮元永贞，完咎，以刚中也。不宁方来，上下应也。蜀才注："此本师卦也。"（同上）

（5）䷊泰，彖曰： ……小往大来，吉亨。

蜀才注："此本坤卦。小谓阴也，大谓阳也。天气下，地气上，阴阳交，万物通，故吉亨。"（周易集解纂疏卷三）

（6）䷋否，彖曰：……大往小来。

蜀才注："此本乾卦。大往阳往而消，小来阴来而息也。" （同上）

（7）䷌同人，彖曰：……柔得位得中而应乎乾，曰同人。

蜀才注："此本夬卦。九二升上，上六降二，则柔得位得中而应乎乾。下奉上之象，义同于人，故曰同人。"（同上）

（8）䷐随，彖曰：……刚来而下柔，动而说，随。大亨贞，无咎，而天下随时，随时之义大矣哉！

蜀才注："此本否卦。刚自上来居初，柔自初而升上，则内动而外悦，是动而悦，随也。……"（同上）

（9）䷒临，彖曰：……刚浸而长，悦而顺，刚中而应，大亨以正，天之道也。至于八月有凶，消不久也。

蜀才注：“此本坤卦。刚长而柔消，故大亨利正也。”（同上）

（10）䷓观，彖曰：……大观在上。

蜀才注：“此本乾卦。”（同上）

（11）䷘无妄，彖曰：……刚自外来，而为主于内。

蜀才注：“此本遯卦。”（周易集解纂疏卷四）

（12）䷙大畜，彖曰：……刚健笃实，辉光日新，其德刚上而尚贤。

蜀才注：“此本大壮卦。”（同上）

（13）䷞咸，彖曰：……柔上而刚下，二气感应以相与。

蜀才注：“此本否卦。”（周易集解纂疏卷五）

（14）䷟恒，彖曰：……刚上而柔下，雷风相与，巽而动，刚柔皆应。

蜀才注：“此本泰卦。”（同上）

（15）䷢晋，彖曰：……柔进而上行。

蜀才注：“此本观卦。”（同上）

（16）䷣明夷，彖曰：……明入地中——明夷。

蜀才注：“此本临卦也。”（同上）

（17）䷨损，彖曰：……损下益上，其道上行。

蜀才注：“此本泰卦。”（同上）

（18）䷩益，彖曰：……损上益下。

蜀才注：“此本否卦。”（同上）

（19）䷷旅，彖曰：……柔得中乎外而顺乎刚，正而丽乎明，是以小亨旅贞吉也。

蜀才注：“否三升五，柔得中于外，上顺于刚，九五降三，降不失正，止而丽乎明，所以小亨旅贞吉也。”（《周易集解纂疏》卷七）

案：上列十九条，分析其中十五条为：（14）以泰䷊之初九升居四，而六四降居初九所遗之位，即成桓䷟卦。谓桓自泰卦来。（18）以否䷋之初六升居四，而九四降居初六所遗之位，即成益䷩卦。谓益自否卦来。此并初升四之例。（8）以否䷋之初六升居上，而上九降居初六所遗之位，即成随䷐卦。谓随自否卦来。此初升上之例。（2）以遯䷠之六二升居三，而九三降居六二所遗之位，即成讼䷅卦。（16）以临䷒之九二升居三，而六三降居九二所遗之位，即成明夷䷣卦。分别谓讼自遯、明夷自临卦来也。此并二升三之例。（4）以师䷆之九二升居五，而六五降居九二所遗之位，即成比䷇卦。谓比自师卦来。此二升五之例。(3)以剥之六二升居上，而上九降居六二所遗之位，即成师䷆卦。(7)以夬䷪之九二升居上，而上六降居九三所遗之位，即成同人䷌。分别谓师自蚓、同人自夬卦来也。此并二升上之例。(19)以否䷋之六三升居五，而九五降居六三所遗之位，即成旅䷷卦。谓旅自否卦来。此三升五之例。(13)以否䷋之六三升居上，而上九降居六三所遗之位，即成咸䷞卦。(17)以泰䷊之九三升居上，而上六降居九三所遗之位，即成损䷨卦。分别谓咸自否、损自泰卦来也。此并三升上之例。(1)以大壮䷡之九四升居五，而六五降居九四所遗之位，即成需䷄卦。(15)以观䷓之六四升居五，而九五降居六四所遗之位，即成晋䷢卦。分别谓需自大壮、晋自观卦来也。此并四升五之例。又有变例：(11)以遯䷠之初六升居二，上九降居初，原六二升居六三，原九三升居九四，原九四升居九五，原九五升居上九之位，即成无妄䷘卦。(12)以大壮䷡之初九升居上，上六降居六五，原六五降居六四，原九四、九三、九二则递降于九三、九二、初九之位，即成大畜䷙。分别谓无妄自遯、大畜自大壮卦来也。(以上讨论升降、卦变，参看周易集解、易义别录、屈师翼鹏先秦汉魏易例述评及徐著)

马国翰谓蜀才“说易，明上下升降，盖本荀氏学”，孙堂谓“蜀才善天文，有术数，其所注易，大抵主荀爽乾升坤降之义”。夫荀氏“升降”云者，大致主阳爻在下者，当上升于五，而阴爻在上者，当降于阳爻所遗之位。如谨依此律则，则上列十五条唯比本师、需本大壮二条合。其余，有合于荀氏卦变之说者，讼本遯、晋本观、旅本否三条——谓皆自消息卦来也。犹有十条，请以之求合于虞翻卦变说可也，先秦汉魏易例述评（卷下总页一三六、一三九）：

虞氏卦变之例凡四：……以爻位消息，推其卦之所自来，三也。……其说……以为诸卦胥由消息卦而出，故一阳五阴之卦，生自剥、复；一阴五阳之卦，生自姤、夬、；二阴四阳之卦，生自遯、大壮；二阳四阴之卦，生自临、观；三阴三阳之卦，生自泰、否。然亦有变例，变例以一阴一阳之卦为多。

据此，上述所余十条，当本于虞氏卦变之说，计二阳四阴之卦曰

䷣明夷，《集解》引虞翻注云：“临二之三，而反晋也。”谓临卦二、三爻互易其位，即变为明夷。蜀才“此本临卦”者依此。

二阴四阳之卦曰

䷘无妄，《集解》引虞注云：“遯上之初。此所谓四阳之阴，非大壮则遯来也。”谓遯上九降据此。

䷙大畜，虞注云："大壮初之上。"谓大壮初九升居上也。蜀才"此本大壮卦"者依焉。三阳三阴之卦曰䷐随，虞注："否上之初，刚来下柔；初上得正。"谓以否初、上爻互易其位，即变为随卦。亦蜀才之所本。

䷞咸，虞注："坤三之上成女，乾上之三成男。"谓以否六三与上九易处，即变为咸卦。蜀才之所据。

䷟恒，虞注："干初之坤四。"谓以泰之初、四相易，即变为恒卦。蜀才恒自泰来依之。

䷨损，虞注："泰初之上，损下益上。"张惠言周易虞氏义曰："自初之上，自上之三。"李鼎祚明蜀才之所本曰："案：坤之上六，下处乾三，乾之九三，上升坤六（张惠言曰：当为上。）。"皆言损之所以自泰来。

䷩益，虞注："否上之初也，损上益下。"李鼎祚曰："案：乾之上九，下处坤初，坤之初六，上升乾四。"言益自否来。

一阳五阴之卦曰䷆师、一阴五阳之卦曰䷌同人：

于师，虞翻阙彖"刚中而应"之注。于同人，蜀才亦阙彖"柔得位得而应乎乾"之注。蜀才谓师自剥来，张惠言不然，《易义别录》云："虞注今阙。以消息求之，是谦三降二也。盖虞于师注未明言自谦来，故蜀才求其说不得，以谦之例自剥来也。"其《周易》虞氏义于师彖下解曰："此明消息大义也。剥穷于上，乾五反三为谦，谦三为复，息成履；谦三降二为师，师二为复，息成同人。"谓以谦䷎之九三与六二互易，变卦为师䷆也。同人则由复息（生）成，其叙蜀才易畅己意，有云："卦变全取虞氏（敏案：或有取资荀爽者，说已详上。）其不同者，剥为师、夬为同人。……推其意，盖以剥为师、师为比，为乾之消息；夬为同人、同人为大有，为坤之消息。……然剥、夬下降，师、同人上升，穷上反下，其序犹有合者。"

汉儒创十二消息卦说。息者，阳息坤也，复、临、泰、大壮、夬、乾六卦，谓自复卦一阳生，而临、而泰、以至于乾六阳盈；消者，阴消阳也，姤、遯、否、观、剥、坤六卦，谓自姤卦一阴生，而遯、而否、以至于坤六阴盈也。以十二卦依次配自十一月至来年十月。虞翻卦变说论消息生卦，基础即在此。以为由屯至未济六十二卦，皆由消息卦产生，而消息十二卦又以乾、坤二卦为主，故六十二卦莫非乾、坤卦之变也。

上列蜀才注关涉升降、卦变者十九条，尚遗（5）泰、（6）否、（9）临、（10）观四消息卦未加析论，今考其咸据虞翻卦变说，都由乾、坤生之：

䷊泰，《象传集》解引虞翻注云："阳息坤。"谓坤为十月之卦，自是而十一月一阳生为复，而二阳生为临十二月，而三阳生为泰正月，则泰由坤生。故蜀才云"此本坤卦"也。

䷋否，虞翻注："阴消乾。"谓乾为四月之卦，自是而五月一阴生为姤，而二阴生为遯六月，而三阴生为否七月，则否由乾生。故蜀才云"此本乾卦"也。

䷒临，虞翻注："阳息至二。"谓自坤全阴之卦，一息而为复䷗——生一阳；二息而为临䷒——生二阳，故蜀才曰"此本坤卦"也。

䷓观，此卦，虞翻于消息生卦义无说，以理类推之，彼当谓"阴消至四"，谓四月乾卦全阳，自是阳一消而为五月姤，二消而为六月遯，三消而为七月否，至四消则为八月观也。观自乾来，故蜀才有"本乾"之说，亦据虞氏义也矣。

综上所述，蜀才升降、卦变之学，少半来自荀爽，泰半本于虞翻。以时代校之，荀氏早甚，即虞氏生年（一六四），略早于蜀才而卒（二三三）后八十五年蜀才乃卒，是后者得以据二家说也。

张惠言叙蜀才易注又谓其易学，"大约用郑、虞之义为多"。其用虞说已述如上；用郑义者，除据郑本已详前节外，尚有字义四条（据《经典释文》卷二《周易音义》）、易例一条，需特加申明者：

（1）谦大象"君子以裒多益寡"，蜀才本裒作捊释"取也"同郑玄注。

（2）豫九四"朋盍簪"蜀才本簪作撍，义从郑"速也"。

（3）萃大象"君子以除戎器戒不虞"，郑注："除，去也。"蜀才注："除去戎器。"

（4）萃初六"一握为笑"，郑玄：握当读为"夫三为屋"之屋。蜀才同。

（5）损䷨六四小象"损其疾，使遄有喜"，集解引蜀才注："四当承上而有初应，必上之所疑矣。初四之疾也，宜损去其初，使上遄喜。"易义别："此承例，四当承上，郑义也。"惠言周易郑氏义曰："阴在阳下为承，……损固与五承上，……是也。"胡自逢氏周易郑氏学（总页二〇九～二一〇）第三章："阴居阳下曰承。……损'二簋可用享'"，

（郑注：）‘四以簋进黍稷于神也。……其四与五承上，故曰二簋。’”按：损……六四、六五在上九之下，故曰‘四与五承上’。因四、五承上之象以释二簋用享，是以承例说经也。”

五事皆依郑学，甚确至显。

《系辞》上传：“大衍之数五十，其用四十有九。”

“衍”字，《经典释文》卷二《周易音义》：“郑（玄）云：衍，演也。（晋）干（宝）云：（衍，）合也。王廙、蜀才云：（衍，）广也。”

蜀才不用郑义，汉魏人亦无有释为“广”者。易义别录凡言蜀才取义于某家者，概曰“用某”，至此注独曰：“衍，广也，同王廙。”又于王廙卷同条注曰：“蜀才同。”盖以二子时代近，地各一方（一在江左，一在巴蜀。）说易未必相承。是矣。第若实考蜀、王年岁，则王（二七六～三二二）约晚生九十年，而亦后卒四岁；以“学术年代”甄之，则王在蜀后。张惠言次主卷于蜀卷后，是也；马国翰因释文录两氏次第，乃序主卷于蜀卷前，非也。蜀才创此注，人多不信，独李道平申之，

《周易集解纂疏》（卷八）：“……，故云‘衍，合也’，言合天地之数而用之，即下经所谓‘五位相得而各有合’也。又郑氏云‘衍，演也。’王廙、蜀才皆云‘衍，广也’盖惟合天地之数而后可以推演而广大之也。”

果若李疏，蜀才注仍是推阐郑义；碎简残义，其详不可得知矣。

蜀才注残文，多见其说象数、释字义及经字异文，略如上述。其关涉哲理者则罕见，第深求之，尚得三节：

（1）䷁坤，彖曰：至哉坤元，万物资生，乃顺承天。坤厚载物，德合无疆。

蜀才注：“坤以广厚之德，载含万物，无有穷竟也。”又曰：“天有无疆之德，而坤合之，故云德合无疆也。”（并见《周易集解纂疏》卷二）

敏案：说卦传“坤为地，……为大舆”，孔颖达疏：“为大舆，取其能载万物也。”是蜀才以易传解易，尚是费直、郑玄家法。而皆准礼记中庸义发明易理者，《中庸》有曰：“博厚所以载物也，高明所以覆物也，悠久所以成物也。博厚配地，高明配天，悠久无疆。”

（2）䷐随，彖曰：……大亨贞无咎，而天下随时，随时之义大矣哉！

蜀才注：“……则内动而外说，是动而说，随也。相随而大亨无咎，

得乾时也，得时则天下随之矣，故曰随时之义大矣哉！”

敏案：周易“时义”，经一一卦爻辞不明言，传则洋溢于篇简中，升象曰：“柔以时升。”遯象曰：“与时行也。……遯之时义大矣哉！”艮象曰：“时止则止，时行则行，动静不失其时。”坤小象曰：“含章可贞，以时发也。”乾文言曰：“见龙在田，时舍也。”蜀才此据易传解易，又承费、郑家法。得时、随时，中庸有曰：“仲尼曰：……君子之中庸也，君子而时中。”《孟子·万章下》：“孔子，圣之时者也。”是其谨以儒家思想解易也。

（3）䷬萃，大象曰：……君子以除戎器，戒不虞。

除，《经典释文》卷二《周易》音义：“如字，本亦作储，又作治。王肃、姚（信）、陆（绩）云：除犹修治，师同。郑云：除，去也。蜀才云：‘除去戎器，修行文德也。’荀作虑。”

敏案：储，蓄积；上古音同除，通假。治、修治，义同。虑，谋也；上古音虑 liag 与除 d’iag 同在鱼部，通假。治（修治、储、虑）戎器，大义皆如尚书立政“诘尔戎兵”（伪孔传：‘治戎服兵器。’）与郑玄“弃去”之义相反，释“如字”及蜀才说则同郑。蜀才“修行文德”正发明郑义，所据亦儒典：《诗·大雅·江汉》：“明明天子，令闻不已；矢其文德，洽此四国。”论语季氏孔子曰：“远人不服，则修文德以来之。”而《礼记·乐记》载周武王弃去兵戈修文德之事尤显武王克殷……投殷之后于宋，封王子比干之墓，释箕子之囚，使之行商容而复其位。庶民弛政，庶士倍禄。济河而西，马散之华山之阳，而弗复乘，牛散之桃林之野，而弗复服，车甲衅而藏之府库，而弗复用。……然后天下知武王之不复用兵也。”弃戎兵，修德教，但意外事端仍不可不戒备，故终日“戒不虞”。徐君芹庭《两汉十六家易注》（页四五三）：“郑独云：除，去者，盖去旧更新之义；去旧戎器，而更新之，以戒不虞之事。”殆失郑义。

观上述三条，蜀才义理易学，谨守儒家，未杂玄言。其或阐发易义，或因传释易，亦无非郑氏家法是遵也。

通考蜀才易注无佚文六十余条，可见其易书依据汉儒本，今古文兼容，但好改旧本经字。其说易多用象数学，升降自荀爽来，卦变则多师法虞翻。其释字谊，多用郑注，有所发明，则恪宗儒学，不杂玄理。无论易书本、释字义、阐儒学，蜀才皆不同于王弼注矣；王氏注老及易，欲尽扫象数易学，又援老入易，蜀才虽亦两玄兼注，但笃信象数，易注绝不及道德经一字，是前者为魏晋玄理易学，后者则仍是汉易支流余裔也。夫以学术年代较之，弼（二二六～二四九）先乎蜀才，唯后者早已避隐陬蜀，于前者所著书，回未及闻见也。

原文载《台大中文学报》，1989 年。

（八）巴人易学探寻

曾超

巴人是一个对中华文化有着重大贡献的古代民族之一，巴人的易学即为其一。巴人是否有易学，学术界尚无人进行探究。其实，巴人不仅有易学，而且巴人易占极为发达，且深有影响。

1. 巴人祖源与八卦创制者伏羲

在中华易学中，传说易的创制者是伏羲。他仰观“天道”，俯察“地道”，效法自然，以成“人道”，创制了易学家们所称的“八卦”。司马迁《史记·太史公自序》说：“余闻之先人曰：‘伏羲至纯厚，作《易》八卦。’”①《周易·系辞下》称：“古者包牺氏之王天下也，仰则观象于天，俯则观法于地。观鸟兽之文与地之宜，近取诸身，远取诸物，于是始作八卦，以通神明之德，以类万物之情。”②包牺即伏羲，又称宓羲、庖牺、伏戏，亦称牺皇、皇羲、太昊，《史记》称伏牺。伏羲成为中华人文始祖之一，伏羲首倡八卦对中国和世界文化均产生了极为深远的影响，后世据伏羲演易而发展的《周易》被誉为世界上第一部未来学著作。

对于巴人来说，伏羲更有着特殊的意义，因为在巴人的传承世系中，伏羲是巴人的始祖。《山海经·海内经》就记载云：“西南有巴国，太皞生咸鸟，咸鸟生乘厘，乘厘生后照，后照是始为巴人”③，太皞即伏羲氏。巴人作为伏羲之后裔，理应承传伏羲之易学，否则就有“数典忘祖”之嫌。

2. 巴人发展与夏商周“三易”

伏羲创制八卦后，一直为后世所利用，并在继承的基础上推陈出新。夏商周三代分别完善成为《连山》《归藏》《周易》，这就是中华易学史上的“三易”。如《周礼·春官宗伯·大卜》载：“（大卜）掌三《易》之法：一曰《连山》，二曰《归藏》，三曰《周易》。其经卦皆八，其别皆六十有四。”其《簭人》云：“簭人掌三《易》，以辨九簭之名：一曰《连山》，二曰《归藏》，三曰《周易》。”[④]桓谭《新论·正经》称：“《易》：一曰《连山》，二曰《归藏》，三曰《周易》。《连山》八万言，《归藏》四千三百言。《连山》藏于兰台，《归藏》藏于太卜。”[⑤]

在巴人发展上，应该说巴人与中原易学多有接触，其对易学的理解应该相当深刻。《华阳国志》卷一《巴志》云：“楚主夏盟，秦擅西土，巴国分远，故于盟会希”[⑥]。似乎巴人与中原处于隔绝状态，其实不然。在春秋以前，巴人与夏商周三代多有接触，且对夏商周三代政局有极大的影响。

《史记》卷二《夏本纪》载：“夏后帝启，禹之子，其母涂山氏之女也。”[⑦]对此，顾颉刚认为“禹是生于蜀而娶于巴”[⑧]，邓廷良考证，“古代巴人属于氐系之龙蛇团族，源出陇右沿东西汉水东南迁。从母系角度论，巴为夏的亲支。”[⑨]因此，在夏代，巴人因与夏人有血缘亲情而一直维持着密切的关系。《世本》云：鲧作城。崇伯鲧时期，大禹之父鲧开始造作城池、城邑，这在中国文明史、城市史上具有开天辟地的划时代意义，而“鲧作城”，巴人功不可没。张良皋先生从文字学、建筑学角度论证说：“夏人始称其都曰‘邑’，商人继之。‘邑’在表示‘封域’的口形之下，有一巴字，看来无巴不成邑。巴人对夏商都邑之建设曾起重要作用。”[⑩]夏人将都邑城市冠以巴称，以示宠异，这充分反映了巴人对“鲧作城”的殊勋以及夏人对巴人城建技术的充分肯定。《华阳国志》卷一《巴志》云：“禹会诸侯于会稽，执玉帛者万国，巴蜀往焉。”[⑪]夏禹时期，巴人参加了夏禹主持召开的会稽盟会，成为禹会诸侯的“万国”之一。田敏在《夏代巴人地域考》中经过考证，说夏禹时代的巴人应该在陕南的汉水流域[⑫]。到夏启时期，又派孟涂如巴莅讼。对此，《山海经》卷十《海内南经》云：“夏后启之臣曰孟涂，是司神于巴，巴人讼于孟涂之所，其衣有血者乃执之，是请生。居山上，在丹山西。丹山，在丹阳南，丹阳，巴属也。”孟涂司巴于丹山，丹山于今在何地？著名神话研究专家袁珂认为在巫巴山地⑬，田敏主张在与汉水流域相连而偏东的丹江流域⑭。不管丹山于今具体是何地，但在巴人居住地域则确定无疑。在夏人兴起、发展、演变的过程中，夏人鉴于夏巴和好关系，同时，为了有效镇抚南土，加强对巴地的控制，曾经源源不断地向巴地移民⑮。夏代末年，由于夏桀荒淫无道，致使诸侯叛离，结果商汤乘机而兴。商汤灭夏，遗民四散。翦伯赞先生评述说：“‘夏族’虽然被商族所征服，但不是被消灭。他们大部分与商族同化，而其余则分向三个方向退却。”一是南迁吴越，二是南徙荆楚，三是退回西北⑯。其实，夏遗民还有第四个退却方向，即远征西南，进驻巴地。对此，《山海经》卷十六《大荒西经》说：“有人无首，操戈盾立，名曰夏耕之尸。故成汤伐桀于章山，克之，斩耕厥前。耕既立，无首，走厥咎，乃降于巫山。”这则史料表明商汤伐夏，一支夏人逃奔他乡，虽然首领被杀，但仍然退居巫巴山地而得以立足，可见，巴人为夏朝遗民提供了坚强而稳固的避难所。

由于夏巴关系的密切，商人兴起后，巴人因受夏人“亡国”之累，频频受到商王朝的军事攻击，巴殷之战到武丁时代达到高潮。在商代晚期，巴人虽受夏人“亡国”的影响和冲击，但毕竟有千百年的发展，底蕴犹在，实力可观，终于演变为商朝西部强大的方国——巴方，以致敢与“大邑商”相抗衡，故屡屡受到商王朝的军事讨伐，这有甲骨文可以为证。《殷契粹编》1230 云：“壬申卜，争，贞令妇好从沚馘伐巴方，受有又。”《殷墟文字丙编》313 称：“贞王佳妇好令沚馘伐巴方，受有又，贞王勿佳妇好从沚馘伐巴方，弗其受有又。”《殷墟文字乙编》2948±2950 说：“辛未卜，争，贞妇好其从沚馘伐巴方，王自东受伐蚩阱于妇好立。贞妇好其从沚馘伐巴方，王勿自东受伐蚩阱于妇好立。”巴方的确切位置虽有争议，但肯定在西北汉水流域，故又称为汉水巴方。“妇好征巴方”，说明巴人在西北的重大发展，连强大的殷王朝亦不敢小视。

《诗经·颂·殷武》云：“挞彼殷武，奋伐荆楚，深入其阻，裒荆之旅，有载有所，汤孙之绪。”殷的军事打击，巴人虽然不得不承受军事失败的痛苦，可也促使巴人奋起抗争，寻找盟友，反抗殷商，继续积极地向西北发展，最后参加到以周为首的反殷队伍。殷周鼎革，纣王无道，武王伐纣，牧野之战，巴人“前歌后舞，以凌殷人”，对西周的建立起了极重要的作用。《华阳国志》卷一《巴志》就说：“周武王伐纣，实得巴蜀之师，着乎《尚书》。巴师勇锐，歌舞以凌，殷人倒戈，故世谓之曰：武王伐纣，前歌后舞也。”然《尚书》并无巴人伐殷的记载，对此，学者们研究后或以为指“虎贲三千”的“虎贲”⑰，或以为指“西土八国”中的髳人⑱，或以为指彭人，是以彭濮而概巴⑲，而张良皋却认为参加伐纣的八国联军全是巴人⑳。目前，学术界多倾向于巴人是参加了武王的伐纣战争。总之，巴人参加了武王伐纣的牧野之战，对殷商的覆灭、西周的建立有过重要的贡献，产生了重大的影响。所以，武王伐纣后，鉴于巴人的特殊功勋，对巴人进行了分封。“武王既克殷，以其宗姬封于巴，爵之以子。古者远国虽大，爵不过子，故吴、楚及巴皆曰子”，巴地成为周王朝的南土，“及武王克商……巴、濮、楚、邓，吾南土也”㉑，巴周一直保持着极为密切的和好关系。周成王大会诸侯于东都洛阳，四方贡献方物。“氐羌以鸾鸟，巴人以比翼鸟……蜀人以文翰”㉒就是最好的说明。

既然巴人与夏商周关系如此密切，说巴人对夏商周三代易学不了解，这是不可能的。从巴人巫风的普遍存在、巴人善于使用甲骨占卜等来看，巴人应该是对“三易”深有研究的。著名巴蜀史专家蒙文通先生在《略论〈山海经〉的写作时代及其产生的地域》中，对《山海经》进行了详细的考证，认为“《大荒经》五篇，曾四次提到‘巫山’，这也是《山海经》其余两部分所不见的；同时，《山海经》中有关‘巴国’‘巴人’的记载，也仅见于这部分（《山海经·海内经》），因此，我认为《大荒经》部分可能就是巴国的作品”㉓。《山海经》由《五藏山经》和《海经》两部分组成，《五藏山经》简称《山经》；《海经》系《海外四经》（又称为《大荒经》）和《海内四经》的并称。而《山经》所记是一山连一山，山山不断，是一部名副其实的“连山”之书，据此拟定了《连山》这个书名。又据《海经》和《大荒经》拟出了《归藏》一名，海属水，在《周易》中属于坎卦，《说卦》云：“坎者，水也。……万物之所归也”，从中取其“归”字；大荒即大地，在《周易》中属坤卦，《说卦》云：“干以君之，坤以藏之”，从中取其“藏”字，二者合一，《归藏》这个名目就产生了[24]。这说明巴人还将八卦用以名书。

3. 巴地巫风与易占

《易》本卜筮之书，易占、易学与卜筮有着极其密切的关系。《周礼·筮人》云："掌三《易》以辨九筮之名：一曰《连山》，二曰《归藏》，三曰《周易》。九筮之名，一曰巫更，二曰巫咸，三曰巫式，四曰巫目，五曰巫易，六曰巫比，七曰巫祠，八曰巫参，九曰巫环，以辨吉凶。"[25]这里，《连山》《归藏》《周易》即"三易"，分别为夏商周三代之易[26]。巫更等九个名字，则为九大巫师之名字[27]。在古代，社会生产力水平低下，科学技术极不昌明，人们总认为有一种神秘莫测的"天意"在主宰着世事，有一只看不见的"大手"在左右人间，社会的兴衰更替、人间的生死祸福、荣辱利达无不与"天意""大手"相关。英国的丹尼尔就认为：在人类历史发展的"早期阶段，人们差不多普遍地走错了路。他们以为同类事物可以感应相生，因此就企图在交感巫术的仪式中，用模仿自然的办法，来为丰富的土壤祈得雨水、阳光或肥沃"[28]。如何"窥视"天意以求趋利避害、趋吉避凶，于是卜筮由此而生，卜筮是人类早期生活的重要组成部分。

《周易·系辞上》载："以制器者尚其象，以卜筮者尚其占。"《礼记·曲礼上》记载："龟为卜，筴为筮。卜筮者，先圣王之所以使民信时日、敬鬼神、畏法令也；所以使民决嫌疑，定犹与也。"在古时预测吉凶，用龟甲占卜称卜，用蓍草占卜称筮，合称卜筮。卜筮主要是解决"信时日、敬鬼神、畏法令""决嫌疑，定犹与"的问题，很显然这是一种极为重要的巫文化。

而在巴人社会中，巫风烈烈，重巫、尚卜极为盛行。巴人地域，群巫汇聚。《山海经·海内西经》载"开明东，有巫彭、巫抵、巫阳、巫履、巫凡、巫相，夹猰貐之尸，皆操不死之药以距之。"[29]又《大荒西经》说"有灵山，巫咸、巫即、巫肸、巫彭、巫姑、巫真、巫礼、巫抵、巫谢、巫罗，十巫从此升降，白药爰在。"[30]据专家考证，巴人即出自巴地群巫之巫蜑或巫相，《世本》记载："廪君之先，出于巫蜒。"

在巴地群巫中，其中最为有名的为巫咸，他被视为筮占的发明人，对此，史籍多有记载。《世本》云："巫咸作筮。"许慎《说文》谓："古者巫咸初作筮。”谯周《古史考》称：“殷巫咸善占筮”。《广韵》说：“巫咸作筮，筮决也。”“巫咸是一个大巫，以后成为巫师集团崇拜的大神，故《世本·作篇》说古者“巫咸初作巫。”[31]

在此浓郁巫风的影响下，巴人卜筮活动极为盛行、影响极为深远。就其占卜形式而言，有龟卜、鱼卜、牛卜、筮占、灵石卜、鸡卜、瓦卜、竹卜等[32]。其中最有特色的是鱼卜和灵石卜，史籍有明确记载的是筮占和龟卜，被诗人们吟咏最多的是瓦卜，对民间文化影响最大的是竹卜。就其选材来看，有龟甲、鱼鳃盖骨、灵石、牛骨、蓍草、雄鸡、瓦、竹等[33]。就其适用领域来说，可以考见的有城建、农事生产（祈雨、灵石祈年、石鱼祈年、瓦卜烧畬、鸡卜祈年、竹卜祈年）、矿冶开采（制盐、丹砂开采）、军事活动、疾病、丧葬等领域[34]。

4. 巴地考古与易占

左思《蜀都赋》云：“山栖鼋龟，水处潜龙。”《六臣文选》刘注：“鼋，大龟也。谯周《异物志》曰：涪陵多大龟，其甲可以卜，其缘中叉，似瑇瑁，俗名曰灵叉。”《华阳国志》卷一《巴志》记载巴地特产有“灵龟”，其涪陵郡云：“山有大龟，其甲可卜，其缘可作叉，世号‘灵叉’”。其巴东郡朐忍县又云：“朐忍县西二百九十里……有……灵龟。咸熙元年（264 年），献灵龟于相府。”《尔雅·释鱼·灵龟》晋郭璞注云：“涪陵郡出大龟，甲可以卜，缘中叉，似玳瑁，俗呼为灵龟。”可见，巴地占卜，史有明载。不仅如此，还得到了现代考古的大力支持。

巴人甲骨的发现早在 20 世纪 50 年代即有发现，湖北宜昌朱家台、路家河、秭归鲢鱼山以及重庆忠县（洽甘）井沟等遗址均曾出土过，但是数量极少，只有一两片或几片，并且年代也较晚，大约为晚商和西周时期的产物，因此，未引起学术界的高度关注。直到 1987 年湖北省修建清江隔河岩水电枢纽工程，特别是三峡工程的大规模兴修，为抢救地下文物，巴人甲骨始有惊人的出土和发现，这才引起考古学界、历史学界等学术界的浓厚兴趣，特别是对于研究巴文化和土家文化等民族文化学者、研究巴渝文化、巴楚文化、三峡文化等地域文化学者造成的无限的“冲动”。

目前，巴人甲骨的发现地主要有湖北宜昌的朱家台遗址、路家河遗址，湖北长阳的香炉石遗址、湖北秭归的鲢鱼山遗址、重庆巫山的双堰塘遗址、重庆云阳的明月坝遗址、重庆万州的麻柳沱遗址、重庆忠县的中坝遗址、瓦渣地遗址，重庆丰都的旧县坪遗址以及四川的金沙遗址等。其中最著名的就是湖北长阳的香炉石遗址和重庆万州的麻柳沱遗址，而年代最晚的则是重庆云阳的明月坝遗址。

通过对这些出土甲骨进行分析，可以看出巴人占卜的影响力[35]。其中，巴人用鱼鳃骨进行占卜，不仅数量大，而且特色鲜明，反映了巴人卜用选材的独特性，体现了中国南方占卜系统的用材特色。在 1995 年 11 月对长阳香炉石遗址所进行的第三次发掘中，出土了 1 件卜骨，全长 42 厘米，系用牛的左肩胛骨制作，是我国目前所发现的最大的卜骨[36]。在重庆云阳的明月坝遗址，出土有 3 件龟的腹甲，均施有圆形钻孔，有的经过灼过，有的未经占卜即埋入土中。这是中国历史上时代最晚的甲骨，其时间为唐代[37]。

5. 范长生、扬子云：巴地易学的代表

在历史上，于巴人巴地更产生了许多著名的易学家，如严君平、扬子云、范长生、谯玄等。其中，在峡江地带，最为有名的当属范长生和扬子云。

（1）范长生与《蜀才易传》

范长生，一名贤，涪陵郡丹兴县（今重庆黔江）人。蜀汉延熙十三年（250 年），涪陵郡大姓“徐巨反，车骑将军邓芝讨平之。……乃移其豪徐、蔺、谢、范五千家于蜀，为猎射官”[38]。范长生等被邓芝“移豪”迁居成都[39]。他在蜀地“岩居穴处，求道养志”[40]“善天文，有术数，民奉之如神”[41]“以左道惑百姓，人多事之”[42]。李雄进据成都，礼聘范长生，他“推步大元五行，大会甲子，祚钟于李，非吾节也”[43]，劝李雄自立。永兴元年（304 年）李雄称成都王，改元建兴。306 年，李雄立国成都，国号大成，改元晏平，以范长生为相，加封四时八节天地太师、西山侯。其主政期间，“事少役稀”“宽和政役”“刑政宽简，狱无滞囚，兴学校，置史官”“兴文教，立学宫”[44]。可见，范长生是巴人著名的政治家、易学家，成汉政权丞相、中国道教中天师道领袖人物。

对此，清光绪《黔江县志》卷四载黔江县令张九章所撰写的《范贤传》，对范长生的事迹有较为详细的描述，云：“范贤名长生，一名延久，又名九重，又名支，字符，又字延寿，别号蜀才，邑名丹兴时人也，属涪陵郡，其先世无可考。据《晋书》及《华阳国志》载，永康间处于灌之青城山，能以信义孚众。时蜀大姓李特、李流等因饥为乱，连年攻陷州郡，蜀民皆保险结坞，或南入宁州，或东下荆楚，城邑皆空，野无烟火，掠靡所获，道殣相望。惟涪陵民千余家在江西依贤自守。晋平西参军徐与说罗尚厚结长生与共讨贼，尚不许，舆怒降流，反说长生给流军食。及永兴元年，李雄据成都，以长生有名德，为蜀人所重，欲迎以为君，长生不可，雄遂即王位，改元大成（《华阳国志》作大武）。未几称尊号，遣百官具仪仗拜长生为丞相，其从弟置以不陪，列斩之。长生乃自西山乘素舆诣雄，雄迎于门执板延坐，称曰范贤。已而尊为四时八节天地太师，封西山侯，复其部曲，军征不预，租税皆入贤家。贤乃深劝雄以虚己受人，宽和政役，兴文教，立学宫。其赋民男丁一岁谷三斛，女丁半之，疾病又半之，户绸绢不过数丈，丝不过数两，事少役稀，民多富实，至乃闾门不闭，路无拾遗，狱无滞囚，刑不滥及，致天水、武都奉贡称臣，款关内附者日益而至。凡相成十有三年，至晋大兴元年卒。卒之后，李氏复用其子贲为丞相，纲目大书成丞相范长生卒盖予之也，书法谓其臣者录贤也，终纲目卒僭，国臣者二十有二，长生居一焉，与慕容恪、王猛辈争列矣，《鉴》称其博学多艺能，年近百岁，蜀人奉之如神云。著有《蜀才易传》十卷，详《隋书·经籍志》，其说散见唐李鼎祚《周易集解》。明杨升庵以“西山蜀才”与襄阳庞德公、谷口郑子真、东海王霸并论，可想见其人矣。盖公本道家者流，隐居求志，故屡易其名，会逢一时之运，伟然僭国之师，名垂竹帛，至今青城山中犹崇祀之曰长生大帝，亦可谓生为名世，殁为明神者欤！惜史未立传，而县志亦略举不详，故余采辑诸书及云騳氏说而为之传。”

范长生一方面充分利用了巴人善于占卜的传统，另一方面，又对《易经》进行了系统深入的研究，其“易学”见解被写成《蜀才易传》四卷，著录于《隋书·经籍志》，惜该书已佚，其内容散见于唐李鼎祚的《周易集解》之中。卷二“坤厚载物”。蜀才曰：坤以广厚之德，载含万物，无有穷竟也。卷二“德合无疆”。蜀才曰：天有无疆之德，而坤合之，故云“德合无疆”也。卷二“需，有孚，光亨，贞吉。位乎天位，以正中也”。蜀才曰：此本大壮卦。案：六五降四，有孚，光亨，贞吉。九四升五，位乎天位，以正中也。……

（2）扬子云与《太玄》

扬雄（前53—18年），字子云，西汉蜀郡成都（今四川成都）人。他著有《甘泉》《河东》等赋，是继司马相如之后西汉最著名的辞赋家，所谓“歇马独来寻故事，文章两汉愧杨雄”。他著有《方言》，是中国第一部语言学辞典，成为我国著名的语言学家。他校订图书古籍，著有《训纂》，成为我国著名的文献整理专家。他受学于严君平，著有《太玄》《法言》，成为我国著名的哲学家、思想家、易学家。

关于扬雄的籍贯，学术界尚有争议。但扬雄的祖籍是来自于巫风烈烈的巴地则没有问题。对此，班固《汉书》说：“扬雄，字子云，蜀郡成都人也。其先出自有周伯侨者，以支庶初食采于晋之扬，因氏焉，不知伯侨周何别也。扬在河、汾之间，周衰而扬氏或称侯，号曰扬侯。会晋六卿争权、韩、魏、赵兴而范中行、知伯弊。当是时，逼扬侯，扬侯逃于楚巫山，因家焉。楚汉之兴也，扬氏溯江上，处巴江州。”扬氏家于巫山数百年，自然深受巴地善占、重卜、崇玄的巫风影响，因此，在某种程度上说，扬雄的《太玄》也是巴地古易学的代表之一。

扬雄的《太玄易》至汉末已开始不同程度地影响着后世学者。扬雄拟易，以《洪范》和道家思想释易，对后世易学家有一定影响。《太玄》在释易方面对后世易学家有重要的启示。《太玄》对后世易学家解《易》时创制体例有所启示。总之，《太玄》是对《周易》经传思想的阐幽显微，是对易学发展的整合重铸，反映了扬雄治易的学术道路㊺。

马克思指出“人们自己创造自己的历史，但是他们并不是随心所欲地创造，并不是在他们自己选定的条件下创造，而是在直接得到的、既定的、从过去继承下来的条件下创造㊻。正是由于巴地特别是有易学研究的传统，所以对涪陵的人文发展产生了重大影响，以程颐涪陵典易为契机，并形成了在全国均深有影响的中国易学“涪陵学派”。

参考文献

①⑦ [西汉]司马迁．史记[M]．北京：中华书局，1959.

②㉕ [唐]孔颖达．周易正义[M]．十三经注疏[Z]．北京：中华书局，1980.

③ 袁珂．山海经校注[M]．上海：上海古籍出版社，1980.

④㉖ 周礼[M]. 十三经注疏[Z]. 北京：中华书局，1980.
⑤ [西汉]桓谭. 新论[M]. 上海：上海人民出版社，1977.
⑥⑪㊳ [东晋]常璩著，刘琳校注. 华阳国志校注[M]. 成都：巴蜀书社，1984.
⑧ 顾颉刚. 论巴蜀与中原的关系[M]. 成都：四川人民出版社，1981：16.
⑨ 邓廷良. 巴人族源试探[J]. 南充师范学院学报，1985（4）.
⑩⑳ 张良皋. 巴师八国考[J]. 江汉考古，1996（1）.
⑫⑭ 田敏. 夏代巴人地域考[J]. 湖北民族学院学报，1994（1）.
⑬ 袁珂校. 山海经校注[M]. 贵阳：贵州人民出版社，1991：239.
⑮ 曾超. 夏人对巴地的移民新探[J]. 烟台大学学报，2004（4）.
⑯ 翦伯赞. 先秦史[M]. 北京：北京大学出版社，1990：149.
⑰ 徐中舒. 论巴蜀文化[M]. 成都：四川人民出版社，1982：108.
⑱ 邓少琴. 巴蜀史迹探索[M]. 成都：四川人民出版社，1983：102.
⑲ 董其祥. 巴蜀社会性质初探[A]，林向等. 巴蜀历史：考古. 民族. 文化[C]. 成都：巴蜀书社，1991：41.
㉑ [春秋]左丘明著. 左传[M]昭公九年. 十三经注疏[Z]. 北京：中华书局，1980.
㉒ 黄怀信等. 逸周书汇校集注[M]. 上海：上海古籍出版社，1995.
㉓ 蒙文通. 略论《山海经》的写作时代及其产生的地域[A]. 蒙文通. 巴蜀古史论述[M]. 成都：四川人民出版社，1981：183.
㉔ 连山归藏. 百度百科.
㉗ 唐兰. 中国文字学[M]. 上海：上海古籍出版社，2001.
㉘ [英] W·C·丹皮尔. 科学史（上）[M]. 北京：商务印书馆，1989.
㉙ ㉚ 杨帆、邱效瑾注译. 山海经. 合肥：安徽人民出版社，1999.
㉛ 杨铭. 土家族与古代巴人[M]. 重庆：重庆出版社，2002.
㉜ 胡昌健. 古代巴渝的几种占卜形式[A]. 李禹阶. 三峡考古与多学科研究[C]. 重庆：重庆出版社，2007：499－504. 曾超. 巴人占卜形式考[J]. 铜仁学院学报，2008（3）.
㉝ 曾超. 简议巴人占卜的选材及其特点[J]. 长江师范学院学报，2008（5）.

㉞曾超．巴人占卜用域考[J]．湖北民族学院学报，2010（1）．
㉟曾超．巴人甲骨的发现及其价值[J]．三峡大学学报，2008（4）．
㊱邓辉．土家族区域的考古文化[M]．北京：中央民族大学出版社，1999．
㊲白九江．巴人寻根[M]．重庆：重庆出版社，2007．
㊴参见四川省黔江土家族苗族自治县县志编纂委员会编．黔江县志．北京：中国社会科学出版社，1994：1；常璩撰，刘琳注．华阳国志[M]卷1巴志[A]，成都：巴蜀书社，1984：84．
㊵[唐]房玄龄等．李特载记[A]．晋书（卷120）[M]，北京：中华书局，1974．
㊶[北宋]王钦若等．太平御览[C]．北京：中华书局，1985．
㊷[唐]房玄龄等．周抚附传[A]．晋书（卷58）[M]．北京：中华书局，1974．
㊸[北魏]崔鸿．十六国春秋[M]．四库全书本．
㊹[东晋]常璩撰，刘琳注．华阳国志校注[M]卷4南中志[A]．成都：巴蜀书社，1984．
㊺田小中．《太玄》易学思想研究[D]．山东大学．2009．
㊻马克思恩格斯选集（第一卷）[M]．北京：北京人民出版社，1995：585．

原文载《重庆市历史地理专业委员会第八届年会学术交流论文集》。

作者介绍：曾超，男，土家族，1966年出生，中共党员，重庆市黔江区人。四川师范大学历史学硕士、中央民族大学专门史博士学位，长江师范学院教授，现任《长江师范学院学报》执行主编。曾任涪陵师专经济法学系副主任、历史旅游文化学系主任、宣传统战部部长。是重庆市优秀中青年骨干教师、涪陵区第一、二、三、四届科技拔尖人才。现为国家社科基金项目通讯评审专家,重庆市高级职称评审委员会、重庆市古籍保护专家委员会委员、重庆市社科专家库成员，中南民族大学、贵州民族学院、吉首大学兼职硕导，涪陵区文化委员会委员、涪陵区社会科学联合会理事。中国炎黄文化研究会土司专业委员会理事、中国西南民族研究学会常务理事、重庆市巴文化研究会顾问、重庆历史学会副会长、重庆市地方史学会暨抗战大后方历史文化研究会理事、重庆市历史地理专业委员会常务理事、重庆市期刊协会常务理事、涪陵历史学会副会长。先后出版《三峡国宝——白鹤梁题刻汇录与考索》

《巴人尚武精神研究》《枳巴文化研究》等10余部，发表论文100余篇，获奖成果30项。

（九）先秦至汉晋时期土家族哲学的核心价值观研究（节选）

萧洪恩

3.“抱才而隐，乘机见用”的蜀才哲学的核心价值观

蜀才（？～318）是汉晋时期土家先民巴人中的一位信奉道教的著名易学家，根据《李蜀书》(一名《汉之书》)、《华阳国志》《经典释文·序录》等记载，并据《晋书》关于成汉三位开国者李特、李流、李雄的论述，则知其姓范，名长生，又名延久、重九、支、贤，字符寿，涪陵丹兴人，自称蜀才，曾隐居青城山，官至李雄成汉政权的丞相。丹兴即今重庆黔江区。据记载，晋惠帝永兴元年（公元304)，李雄称王于成都，国号大成，拜范长生为丞相，尊称范贤，即《华阳国志》所谓李雄“尊为四时八节天地太师，封西山侯”[12]。李雄曾欲拥戴蜀才为君主，自甘居臣位。蜀才则“推步大元，五行大会甲子，祚钟于李”[13]《晋书·周抚传》记载：“贤为李雄国师，以左道惑百姓，人多事之。”可见蜀才的政治才能。据传蜀才已得长生久视之术，宋代祝穆《方舆胜览》曾记“先主（刘备）征之不起，就封为逍遥公”“刘禅易其宅为长生观”。《列仙传》说蜀才“年百余岁，蜀人奉为仙，称曰长生”。《资治通鉴》卷九十更云“长生博学多艺能，年近百岁，蜀人奉之如神”。蜀才哲学的文献资料主要体现在《周易蜀才注》中。据载，蜀才精于《易》并撰有《周易蜀才注》,《唐书·艺文志》、陆德明《经典释文·序录》均谓其书有十卷，惜已佚。武威张澍从《经典释文》和李鼎祚《周易集解》中辑出一卷载入《蜀典》，清马国翰《玉函山房辑佚书》依《蜀典》加以补充，已可见其易学哲学之一斑。

关于蜀才易学哲学的特征，孙堂《汉魏二十一家易注》谓“蜀才善天文，有术数，其所注易，大抵主荀爽乾坤升降之义”；张惠言《易义别录序》云：“自商瞿受《易》，三百年而至田何。田何之传，四百

年而仅得虞翻。虞翻之后，三百年而亡。其略可见者，姚信而已耳，翟子元、蜀才而已耳。”“蜀才之易，大约用郑（玄）虞（翻）之义为多，卦变全取虞氏。”⑭清马国翰则评论说：“观诸书所载，知其人盖功名之士，抱才而隐，乘机见用，遂相伪朝。观其以蜀才自命，宜不甘岩穴以终老也。其说易明上下升降，盖本荀氏学”⑮。可见，蜀才易学哲学是在玄学甚嚣尘上之时继承汉代象数易学，以《易》经世，并有所发展。

蜀才易学以考据为基础，以直接分析《周易》卦爻辞和《易传》辞句或通过对卦象爻象的分析来阐发自己的易学观点为基本方法，以教人以《易》安身立命、经邦济世为目的。因此，蜀才易学哲学具有明显的功利性，表明其“隐者”之风是为了等待时机。

（1）以社会实践需要释易，重视实效、适用

蜀才注《系辞》“易知则有亲，易从则有功”曰：“以其易知，故物亲而附之；以其易从，故物法而有功也。”这是从因果关系的角度揭示易知、易从与有亲、有功的关系，并凸显的是实际的功能与效果，即以“易知”而有“亲附”之功，“易从”而有“物法”之功；注《坤·象》“坤厚载物，德合无疆”曰：“坤以广厚之德，载含万物，无有穷竟也。”“天有无疆之德，而坤合之，故云德合无疆。”从“功德”方面加以阐明乾坤之德；注《泰·彖》“小往大来，吉亨”及《否·彖》“大往小来”曰：“小，谓阴也。大，谓阳也。天气下，地气上，阴阳交，万物通，故吉亨。”“大往，阳往而消。小来，阴来而息也。”从天地阴阳交通之功加以阐明。所有这些都充分反映出其注重实效、适用的价值取向，并一直传承在土家族的哲学精神中。从其注《萃·象》“君子以除戎器，戒不虞”强调要“除去戎器，修行文德也”来看，其所追求的功德还包括“文德”，甚至有某种否定“武德”的趋向。这也反映出其易学哲学的“社会”取向。正是在这种取向下，使成汉政权治下在巴人地区“事少役稀，民多富实。至乃闾门不闭，路无拾遗，狱无滞囚，刑不滥及”。⑯

（2）以分析卦爻象启示社会，凸显自己的政治情怀

蜀才注《同人·彖》“柔得位得中，而应乎干，曰同人”曰：“此本口卦。九二升上，上六降二，则‘柔得位得中而应乎干’。下奉上之

象，义同于人，故曰同人。”说同人卦来源于本于上兑下乾之口卦的变化，之九二上升为上九，口之上六下降为六二，乃成同人。上六降为六二，正是“柔得位得中”，又上应于乾，这正符合六二应九五的“下奉上之象”，而“下奉上”的卦象即是同人。

注《随·象》“随时之义大矣哉”曰：“此本否卦。刚自上来居初，柔自初升上，则内动而外说，是动而说，随也。相随而大亨无咎。得于时也，则天下随之矣。故曰：随时之义大矣哉。”说此由上乾下坤之否变来，否之上九下降为初九，初六上升为上六，乃成随卦，其意在于“内动（震）而外说（兑）”，君主“动”于内，而臣民“悦”于外，内外“相随而大亨”。注《损六四·象》“损其疾，亦可喜也”曰：“四当承上，而有初应，必上之所疑矣。初，四之疾也；宜损去其初，使上亨喜。”说六四本当奉承上位六五，但却反得初九相应，必为在上之君主所疑，初九之应真是好心帮了倒忙，若得损去方可使在上者亨喜，这是典型的政治谋略。

前面提到，成汉政权治下“纲纪莫称”，若以这种情况对照蜀才易学的诉求，不是很清楚地表明其象数易学背后的政治情怀和社会关怀吗？所以，业师唐明邦曾强调说：蜀才易学同汉代象数易学有所不同，他不因象数而淹没易理；反之，力图通过卦爻象分析，阐明《易传》之人文思想；甚至不假卦象，独就《周易》辞语直接阐述自己的独到心得，而且尽可能使义理结合现实，对经世致用有所启迪。如此解易思路，反映了晋代象数易学的特点，既不同于玄学脱离现实的空谈，亦不同于汉代象数易学淡化义理的学风。⑰

参考文献

⑫ 彭继宽. 湖南土家族社会历史调查资料精选[M]. 长沙：岳麓书社，2002.
⑬ 崔鸿. 十六国春秋[M].
⑭ 张惠言. 易义别录序[M]. 茗柯文编. 上海：上海古籍出版社，1984.
⑮ 马国翰. 玉函山房辑佚书·周易蜀才注[M]. 扬州：广陵书社，2005.
⑯ 唐明邦、汪学群. 易学与长江文化[M]. 武汉：湖北教育出版社，2004.

原文载《湖北民族学院学报》，2007年第6期。

作者介绍：萧洪恩，男，1961年5月生，湖北咸丰县人。武汉大学哲学博士、硕士生导师，中国社会学学会会员。现任华中农业大学文法学院教授。在《国内哲学动态》《中国哲学史研究》《周易研究》《湖北社会科学》《江汉论坛》《武汉大学学报》等学术刊物上发表学术论文60余篇，正进行有《少数民族农民工与民族地区社会主义新农村建设》《19—20世纪中国哲学的现代转型》《湖北民族地区村落文化研究》《湖北民族地区旅游资源的调查与研究》等国家及省部级课题。

（十）西蜀古园长生宫

王纯五

西蜀最古老的私家园林首推都江堰市青城山麓的长生宫，它原是晋初著名学者、道教（天师道）首领、山中宰相范长生（？—318年）的私家庄园。范长生早年隐居青城山，但在蜀中战乱、流民军被官军围困于郫城时，却敢于挺身而出，慨然资助流民军，使其转危为安。流民军攻克成都后，派使臣迎范长生去当皇帝。长生固辞，劝流军首领李雄即皇帝位，国号大成。李雄乃拜范长生为丞相，加号“四时八节天地太师”，封西山侯，尊称“范贤”。范长生主张“宽和政役”，使百姓得以休养生息，从事生产，社会安定，五谷丰登。在当时全国战乱四起，国家分裂的局面下，川西因之事少役稀，许多远方流民都乐于来此定居。彭洵《青城山志》说：“迄晋以降，地因范贤而显。”可见为人民做过好事的人，将永远令人怀念，长生宫也因此盛名不衰。范长生在青城山此庄园内写下了《道德经注》《周易注》等书。唐代李鼎祚《周易九家集解》中的《蜀才易注》即为范注的佚文。那充满精深道味的玄文，体现了范氏崇尚自然的追求。他的理想也体现在他的那座深幽涵碧的庄园之中。范长生经营的庄园是一座偎依在青城山麓的清新宅园，自然野趣是它主要的风景特征，那起伏奔涌重重叠叠的翠峰，那翁翁郁郁终年浓绿的润楠，构成了它的基调。唐末诗人唐球有《长生观》，诗云：

数里缘山不厌难，为寻真诀问黄冠。
苔铺翠点仙桥滑，松织香梢古道寒。

昼傍绿畦锄嫩玉，夜开红灶炼金丹。

钟声已断泉声在，风动茅花月满坛。

唐球自号“味江山人”，是一位越名利而任性情的行吟者，他常常独自骑着青牛来游长生宫，写过许多激情满怀的诗篇，但从不发表，只将它搓成纸团扔进诗瓢里。天长日久，那瓢也装满了，人称他为“一瓢诗人”。更奇怪的是，他临终时行吟江边将诗瓢放进味江，幸被乡邻发现。赶紧捞上岸来，才为长生宫留下这首佳作。

千百年来，长生宫把人们带入了诗境、画境和《高山》《流水》古琴曲的意境之中，无数文人墨客为此留下的诗文画卷，争奇斗妍，令人陶醉。长生宫画事最盛期当推五代前后蜀，那时名园内画家云集，最为人所称道的著名画师孙太古，即在长生宫大殿画有碧落侍中范长生举手整貂冠像，在殿外两壁则画有龙虎二君。两百年后，陆游、范成大来此观画，赞叹这些壁画“气势挥洒，云烟飞动，盖孙笔之尤奇者”。相传孙太古在长生宫画《味江龙》时，有真龙为画师的至诚追求所感动而现形。宣和年间，这幅杰作被酷爱丹青的宋徽宗知晓，下诏将这幅大型壁画运到京城，存于皇家画院。长生宫道士实在难舍，却又不好违抗皇命，只好请高手临摹，再建新壁，是为画坛一大佳话。

悠悠千载，长生宫几经兴废。宋末战乱，古园的建筑连同那些稀世的壁画悉遭破坏。直至清代中期，川西社会安定，才开始重修长生宫。光绪六年（1880 年）重建后，长生宫有大殿三重，入门处有数百年大紫薇树，林荫深处依次有灵官殿、正殿（上有经楼）和三清大殿。正殿塑有范长生像，并有楹联赞范长生：

东晋尚清谈，功德在民惟隐士。

西川曾保障，英雄退步即神仙。

抗日战争中的 1938 年，荫唐中学从成都迁来此处，长生宫内弦歌不辍，作家碧野等名流曾在此任教，老舍也曾来这里访晤碧野。1941 年冯玉祥将军亲临长生宫，向学校师生作了《青年应如何爱国》的讲演。

20 世纪 60 年代初期，长生宫古殿犹存，鹤鹭翱翔。讵料“文革”风暴袭来，胜地遭劫。先是 1968 年养鹿场借此地收饲料，不慎起火，殿宇部分被焚。后因“武斗”波及，青城山千百年来最富神韵的翔鹤归鹭也深受其害。有友人涤尘曾著文记其事说：文革风起武斗甚烈，一日，忽传灌县郊区有警，红卫兵“野鸭子”数十人来犯。于是县造反司令部武斗队立即出发，乘车十数辆，有众数百人前往迎战。激战移时，双方各有伤亡，“野鸭子”遁去。“武斗队”班师，中有一车数十人，由某“司令”带领，途经青城山，歇足长生宫。是时恰为正午，黄鹤不知午休，飞来楠木之上，呱呱连声。某“司令”睡眼才合，突被闹醒，乃提枪恨恨曰：“此物可恶，非杀不可。”语毕，仰天连射，击一黄鹤于地，掂之，有肉约半斤，大喜。其他队员见了，眼馋甚，举枪纷纷射向树梢。只见血翎满天，如大雪纷然，黄鹤殒伤数十矣，余者哀哀而逃。计点众人所得，某“司令”所获最多，乃仰天而笑曰：“才杀彼野鸭子，又杀此野鸭子，老子今天过瘾了！”

第二天，果有捷报贴遍全城，称××大捷，毙野鸭子若干。某“司令”挎枪游城，有为其戴红花者。其时，长生宫枪下余鹤绕树飞翔，哀鸣声声，久久不肯栖枝，如举哀焉。

中国共产党十一届三中全会以后，拨乱反正，长生宫又逢盛世，林木恢复繁茂，白鹭又成群归来。那白生生、水汪汪，顾盼流连、周身灵动的鹭群又在古园上空展翅飞翔。近年，都江堰市在长生宫旧址建起鹤翔山庄，使西蜀古园得以保存传世。老作家碧野曾来信说：“知长生宫重建，使我欢欣。如果今生有幸，我将再沐青城山清风，重赏长生宫明月。”

原载《文史杂志》，1992年第6期。

后　记

黔江老家距范公祠近在咫尺，儿时的我，是这里的常客。听故老传闻：范公公是黔江出的一位神仙，千万别得罪他。所以无论我下河摸鱼捉蟹，还是进山打柴放牛，都要去看看范公公，每当我注视他的圣像时，总是凝神屏气，肃然起敬。但范公公究竟是何方神圣？故老说不清楚，我更不明白，黔江人大都因其“遗迹淹没，知者寥寥”而“不识庐山真面目”。然而天生的好奇心和求知欲使我从小对此矢志不忘，成为我脑海中挥之不去的乡愁。

转瞬人到中年，步入史志圈，编修县志，方从清末黔江知县张九章的《范贤传》中得知范公公的大名和事迹，原来他竟然是与诸葛亮几乎同时代且可相提并论的伟大人物。诸葛亮是家喻户晓，蜚声海内外的历史明星，而范长生却鲜为人知。作为老乡，一个当代修志者，我为范公鸣不平，总想弄清他的全部历史和所有真相，为他“讨个说法”。可是受经费、交通、通讯、信息等诸多因素制约，直到退休，手中材料几无进展，还在原地踏步。

庆幸的是，在有生之年随历史的步伐进入互联网时代，它颠覆了我们以传统方式获取知识信息的途径，令我豁然开朗，眼界大开。凭着向子孙们舀来的那点计算机知识和技能，我毫无顾忌地跳进网络里的知识海洋，去搜寻范公历史脚印的蛛丝马迹，计划从网络和典籍中追踪历史的真相，并对史料进行甄别分析，去伪存真，然后把认为可信的史实摆出来，“踏石留印”，形成一本《史料辑录》，力求展现范公父子全貌，以供人们阅读和来者研究、创作之用。恰好此间黔江区有关领导，提出“黔江长生文化”的命题，希望我先走一步，做一些基础性工作，如发掘史料、汇编成集。事情竟然不谋而合，我欣然领命。不久，区文化委将此事作为研究课题予以确认，于是我开始了“上穷碧落下黄泉，动手动脚找材料”的发掘搜罗工作。

在一年多时间里，不少领导和同志对此高度重视，鼓励并大力支持了本书的编撰工作，区文化委还多方筹措发掘研究及出版经费并提供了资料查阅之便。在赴四川都江堰市青城山、崇州市街子古镇等地田野考察、拍摄期间，又受到原黔江师范学校弟子汪邦军、文云英、谢宏等的热情接待和鼎力支持。其间，还得到四川大学、西南大学、厦门大学、长江师范学院等有关教授、专家无私的指导和援助。由于有上述各级领导的重视和各方的支持帮助，这本《范长生范贲史料辑录》才得以成稿付梓，使我夙愿得偿，给范公有一个交代，在此一并表示衷心感谢。

对范氏父子的记述和研究，古已有之，20世纪中叶以来，国内外史学界、宗教界、易学界一些著名专家、教授就对范长生父子进行了研究，如唐长孺、卿希泰、唐明邦、祁泰履（美籍）、段玉明、杨伟立、程元敏（台湾地区）、林忠军、曾维加、曾超等学者成果颇丰，学术研究至今仍在不断的充实和深入。本《辑录》也收集了他们的研究成果，以“节录”“存目”和“精选”的形式载入。为尊重和维护其著作权，同时也为使用者提供方便，本书所有载录引文均注明作者和出处，并补以“作者简介”（部分）。由于种种原因，事先未能一一征求意见，在此恳请谅解，并表示由衷的感谢。

年逾古稀，能为家乡、为业内做一点有益的事，甚为欣慰。苦在其中，乐在其中，收获不小，我不仅在查阅原著的同时，借助计算机查到了所需资料，而且还亲手打印、修改了全部文本，没想到人到暮年，竟多了一项看家本领，宛如老来得子，感慨良多。欣慰之余，胡诌《读成汉史》诗一首，以言心志：

挑灯细读范长生，千载英风逐梦萦。
让王节操高士敬，辅君策论巴蜀兴。
诸葛伯仲堪媲美，寿纪期颐如有神。
立身治国皆循道，退步即仙能几人？

《范长生范贲史料辑录》面世，仅仅是“黔江长生文化研究”的尝试和起步，后面的路还很长，还需业内志士仁人共同努力。由于编者水平有限，见闻浅薄，疏漏谬误难免，恳请方家批评、斧正、补充，不胜感激之至。

黄宗福

2018 年 2 月 24 日